国家社科基金项目"习近平关于全球治理的重要论述研究"（19BKS054）

安徽大学人文社会科学重点平台建设（RCEP 国家研究中心）项目

RCEP

框架下中国与东盟国家经贸合作关系研究

陈以定　余欢欢　吴万运　著

南京师范大学出版社

图书在版编目（CIP）数据

RCEP 框架下中国与东盟国家经贸合作关系研究 / 陈
以定, 余欢欢, 吴万运著. -- 南京： 南京师范大学出版
社, 2024. 12. -- ISBN 978-7-5651-6675-4

Ⅰ . F125.533

中国国家版本馆 CIP 数据核字第 2024NA1677 号

RCEP 框架下中国与东盟国家经贸合作关系研究

著　　者	陈以定　余欢欢　吴万运	
策划编辑	郑海燕	
责任编辑	刘双双	
出版发行	南京师范大学出版社	
地　　址	江苏省南京市玄武区后宰门西村 9 号（邮编：210016）	
电　　话	（025）83598919（总编办）83598412（营销部）83371351（编辑部）	
网　　址	http://press.njnu.edu.cn	
电子信箱	nspzbb@njnu.edu.cn	
排　　版	南京私书坊文化传播有限公司	
印　　刷	江苏凤凰数码印务有限公司	
开　　本	787 mm × 1092 mm　　1/16	
印　　张	18.5	
字　　数	233 千	
版　　次	2024 年 12 月第 1 版	
印　　次	2024 年 12 月第 1 次印刷	
书　　号	ISBN 978-7-5651-6675-4	
定　　价	78.00 元	

出 版 人　张　鹏

前　言

《区域全面经济伙伴关系协定》（RCEP）由东盟 2011 年首次提出，实施以东盟为主导的区域经济一体化组织形式。2020 年 11 月 15 日，由东盟与中国、日本、韩国、澳大利亚、新西兰 15 国签署成立，2022 年 1 月 1 日正式生效。

RCEP 本质是一项全面、现代、高质量、互惠的自贸协定，也是全球人口最多、经贸规模最大、最具发展潜力的自贸协定。中国签署 RCEP，有利于增强我国国内国际两个市场、两种资源的联通性，促进各产业更充分地参与国际市场竞争，提升在国内国际两个市场配置资源的能力，更加有效地融入全球产业链、供应链，促进国内国际双循环，进而推动产业转型升级和经济高质量发展，为国民经济良性循环提供重要支撑。

RCEP 签署后，安徽省人民政府高度重视，积极推动高校相关智库加强对 RCEP 国家、中国与 RCEP 国家经贸合作关系展开研究。2020 年 12 月 18 日，安徽省人民政府外事办公室、上海国际问题研究院、安徽大学签署《共建"安徽大学国别和区域研究院"合作协议》，其中一项重要内容就是"组建 RCEP 国家研究中心"。根据《共建"安徽大学国别和区域研究院"合作协议》关于"组建 RCEP 国家研究中心"精神，2021 年 4 月 28 日，安徽大学研究决定成立"安徽大学 RCEP 国家研究中心"。

依托安徽大学国别和区域研究院,"安徽大学 RCEP 国家研究中心"以 RCEP 国别与区域为研究对象,以安徽省与 RCEP 国家外经外贸关系为重点领域,围绕 RCEP 规则研究、中国与 RCEP 国家经贸合作与区域经济一体化研究和安徽与 RCEP 国家外经外贸、地方政府交流合作关系研究三个研究方向,展开系统研究。自 2021 年正式成立至今,研究中心开展相关重点工作如下。

一是举办"RCEP 框架下中国地方发展对外经贸合作研讨会"等学术会议。邀请中国社科院亚太与全球战略研究院、暨南大学国际关系学院 / 华侨华人研究院、云南大学国际关系研究院、厦门大学国际关系学院暨南洋研究院等单位专家学者,围绕 RCEP 与 CPTPP 开放规则体系比较和 RCEP 框架下中国地方与 RCEP 国家在贸易往来、利用外资、对外投资、工程承包与劳务输出、人员往来、人文交流等方面交流合作状况和未来发展趋势展开研讨。

二是承担 RCEP 国家相关问题课题研究。中心先后中标承担完成"加强安徽与 RCEP 国家地方政府合作路径和平台建设研究""安徽与 RCEP 国家经贸合作关系研究""我省参与党的对外工作课题研究""推进安徽与长三角地区对外开放协同发展研究"等多项课题,研究成果通过《安大智库》等渠道提交给安徽省人民政府外事办公室等相关部门,部分成果获相关部门采纳作为决策参考。

三是规划编写中国与 RCEP 国家经贸合作关系系列学术著作。中心规划编写《RCEP 框架下中国与东盟国家经贸合作关系研究》《RCEP框架下中国与日本、韩国经贸合作关系研究》《RCEP 框架下中国与澳大利亚、新西兰经贸合作关系研究》等 RCEP 国家研究系列图书。作为

RCEP 国家研究系列图书的开篇之作，《RCEP 框架下中国与东盟国家经贸合作关系研究》由研究中心陈以定主任与余欢欢、吴万运两位博士完成，全书由 RCEP 概况、RCEP 框架下中国与十个东盟国家经贸合作关系研究、安徽融入 RCEP 及其与重点成员经贸关系研究共 12 章组成。

　　本书在写作过程中，参考了大量中国与东盟国家政府相关公开文件精神、学者论著观点和重要网站数据，并征询相关专家学者建议意见，但仍不免有不当之处，期盼国内外专家学者予以指正。

陈义平[①]

2024 年 11 月 1 日

[①]现为安徽省社会科学院党组成员、《江淮论坛》主编，安徽大学 RCEP 国家研究中心学术委员会主任。

目 录

RCEP

第一章

《区域全面经济伙伴关系协定》概况

二战后所形成的全球经贸秩序，建立在世界贸易组织（WTO）、国际货币基金组织（IMF）等全球多边经济治理框架之上，而这些全球多边经济治理框架的有效运行，对保障世界经贸、投资规则稳定，促进世界经济增长，发挥了重要作用。自 20 世纪 90 年代起，尤其进入 21 世纪后，全球多边经济治理框架越来越显现出"失效""失败"，造成了越来越严重的全球经济治理"赤字"。如 WTO 在 2001 年启动的多哈新一轮回合谈判后，就一直停滞不前，WTO 的监管规则由于美国阻挠法官的遴选也陷入"停摆"状态。此后，国际贸易保护主义死灰复燃，逆全球化暗流涌动，经贸冲突愈演愈烈。2017 年美国特朗普总统上台，美国全面推行单边主义，实施"美国优先""美国至上"的经贸政策，更加恶化了全球经贸环境。

世界经贸多边治理机制的"失效""失败"，催生了各种形式的区域治理框架，推动国际经贸秩序由多边主导进入区域主义时代，区域经济一体化成为推动全球经济治理的中坚力量，而一国参与区域经济一体化协定也被视为深度参与区域合作和积极对外开放的信号和象征。区域经济一体化的外在表现是区域贸易协定的层出不穷与不断深化，内生动力则是国际分工格局的重塑与细化，客观上需要打破地理边界限制，呼唤建立适应国际分工格局的新型国际经贸规则，以实现资源的跨国配置和市场规则的区域构建。随着全球经济发展的不断深入以及美国主导的《跨太平洋伙伴关系协定》（TPP）对亚太地区经济的制衡与冲击，东盟十国渐渐认识到通过扩大区域经济合作降低经济危机风险、提高东盟经济关系凝聚力的重要性。正是在此背景下，2020 年 11 月 15 日，《区域全面经济伙伴关系协定》（Regional Comprehensive Economic Partnership Agreement，RCEP）应运而生。

第一节　《区域全面经济伙伴关系协定》的签署

　　RCEP 是由东盟与中国、日本、韩国、澳大利亚、新西兰等自贸伙伴共同推动达成的大型区域贸易协定，是全面、现代、高质量、互惠的自贸协定，也是全球人口最多、经贸规模最大、最具发展潜力的自贸协定。2019 年，RCEP 的 15 个成员国总人口达 22.7 亿人，GDP 达 26 万亿美元，出口总额达 5.2 万亿美元，均约占全球总量的 30%。

　　RCEP 由东盟国家于 2011 年首次提出，开展以东盟为主导的区域经济一体化合作，是成员国间相互开放市场、实施区域经济一体化的组织形式。RCEP 的主要成员国计划包括与东盟已经签署自由贸易协定的国家，即中国、日本、韩国、澳大利亚、新西兰、印度。东盟十国与这六个国家分别签署了五份自贸协定（其中澳大利亚和新西兰共同与东盟签署一份自贸协定）。2012 年 8 月，在柬埔寨举行的第一届东盟和自贸伙伴国经贸部长会议通过了《RCEP 谈判指导原则与目标》文件，目标是达成一个现代、全面、高质量、互惠的区域自贸协定。2012 年 11 月 20 日，东盟十国及其自贸伙伴六国领导人在东亚领导人系列会议期间宣布启动谈判，并发表了联合声明。在历经八年共计 31 轮正式谈判后，最终 15 方达成一致，于 2020 年 11 月 15 日签署 RCEP。2022 年 1 月 1 日，

RCEP 在文莱、柬埔寨、老挝、新加坡、泰国、越南等六个东盟成员国和中国、日本、澳大利亚、新西兰等四个非东盟成员国正式生效实施；2 月 1 日在韩国生效实施，3 月 18 日在马来西亚生效实施；5 月 1 日在缅甸生效实施。

表 1-1 RCEP 谈判和建设进程

时间	主要进程
2011 年 11 月 13 日	东盟十国领导人通过了《RCEP 的东盟框架》，一致同意建设 RCEP，并获得中国、日本、韩国、印度、澳大利亚和新西兰等六国的支持
2012 年 11 月 20 日	东盟与六国领导人共同发表《启动 RCEP 谈判的联合声明》，通过了《RCEP 谈判的指导原则与目标》，RCEP 谈判正式启动
2013 年 5 月 9 日	RCEP 第一轮谈判举行，正式成立货物贸易、服务贸易和投资三个工作组，并就货物、服务和投资等议题展开磋商
2013—2020 年	举行 23 次部长级会议、31 轮正式谈判
2015 年 8 月	举行第三次部长会议，并在核心问题上取得实质性进展，货物贸易市场准入谈判取得突破
2016 年 10 月	RCEP 第 15 轮谈判完成"经济技术合作"章节
2017 年 11 月 15 日	召开首次领导人会议，发布 RCEP 谈判领导人联合声明
2018 年 11 月 14 日	第二次 RCEP 领导人会议举行
2019 年 11 月 4 日	第三次 RCEP 领导人会议举行，并发布第三次领导人会议联合声明，印度宣布退出 RCEP
2020 年 11 月 15 日	第四次 RCEP 领导人会议举行，15 国签署 RCEP

（续表）

时间	主要进程
2022 年 1 月 1 日	RCEP 在文莱、柬埔寨、老挝、新加坡、泰国、越南等六个东盟成员国和中国、日本、新西兰、澳大利亚四个非东盟成员国正式生效实施
2022 年 2 月 1 日	RCEP 在韩国生效实施
2022 年 3 月 18 日	RCEP 在马来西亚生效实施
2022 年 5 月 1 日	RCEP 在缅甸生效实施
2023 年 1 月 2 日	RCEP 在印度尼西亚生效实施
2023 年 6 月 2 日	RCEP 在菲律宾生效实施

（根据商务部国际贸易经济合作研究院亚洲研究所：《RCEP：协定解读与政策对接》，中国商务出版社，2021 年，更新整理）

整体来看，RCEP 的建立大致可以划分为谈判和建设两个阶段。2012—2019 年 RCEP 处于谈判阶段，并且由于美国推动 TPP 谈判及其后特朗普政府对外经贸政策的变化，RCEP 谈判进程不断加速。其间印度由于在货物贸易和服务贸易领域与其他成员国分歧较大而于 2019 年宣布退出谈判。2020 年 11 月 15 日，15 国正式签署 RCEP，标志着 RCEP 自贸区进入建设阶段，并由各成员国各自在国内履行核准程序，推动协定最终生效。在 RCEP 协定谈判过程中，东盟发挥了重要作用。RCEP 之所以能顺利达成，关键在于东盟此前业已与中国、印度、日本、韩国、澳大利亚、新西兰六个国家分别签署了自贸协议，在原有自贸协议基础上"升级"谈判要比"开始"谈判容易许多，并且由于受到双边政治关系和美国因素等影响，中国、日本、韩国和澳大利亚等国之间双边或多边签署自贸协定存在一定困难，而由东盟主导并充当中介，更容易为各方所接受。

RCEP 自贸区的建成是我国在习近平经济思想指引下实施自由贸易区战略取得的重大成果，将为我国在中国特色社会主义进入新时代构建开放型经济新体制，形成以国内大循环为主体、国内国际双循环相互促进的新发展格局提供巨大动能。

首先，我国与 RCEP 成员贸易总额约占我国对外贸易总额的三分之一，来自 RCEP 成员的实际投资在我国实际吸引外资总额中占比超过10%。RCEP 一体化大市场的形成将推动区域产业链、供应链融合，实现生产分工合作强化与经济结构高度互补，同时市场准入放宽与规则标准逐步统一推动经济要素自由流动和区域消费市场扩容升级。RCEP 将有助于我国实现更全面、更深入、更多元的对外开放，进一步优化对外贸易和投资布局，不断与国际高标准贸易投资规则接轨，构建更高水平的开放型经济新体制。

其次，我国与 RCEP 多数成员的邻国关系将有力拉动国内周边省份与 RCEP 国家的经贸联系，增强国内国际两个市场、两种资源的联通性，促进我国各产业更充分地参与国际市场竞争，提升在国内国际两个市场配置资源的能力，使中国更加有效地融入全球产业链、供应链，促进国内国际双循环，进而推动产业转型升级和经济高质量发展，为国民经济良性循环提供有效支撑。

最后，加快实施自由贸易区战略是我国新一轮对外开放的重要内容。党的十九届五中全会提出，实施自由贸易区提升战略，构建面向全球的高标准自由贸易区网络。RCEP 签署后，我国达成的自贸协定增加到 19

个，自贸伙伴达到 26 个。通过 RCEP，我国与日本建立了自贸关系，这是我国首次与世界较大规模经济体签署自贸协定，是我国实施自由贸易区战略取得的重大突破，使我国与自贸伙伴贸易覆盖率增加至 35% 左右。同时，RCEP 的签署，为我国自贸区提升战略实现了"开门红"，在"扩围""提质""增效"三方面均实现了突破，标志着我国自贸区战略实施进入新阶段。

第二节　《区域全面经济伙伴关系协定》的主要内容①

　　RCEP协定文本共计1.4万页，由序言、20个章节（包括初始条款和一般定义，货物贸易，原产地规则，海关程序和贸易便利化，卫生与植物卫生措施，标准、技术法规和合格评定程序，贸易救济，服务贸易，自然人临时移动，投资，知识产权，电子商务，竞争，中小企业，经济技术合作，政府采购，一般条款和例外，机构条款，争端解决，最终条款章节）和四个部分的承诺表（包括关税承诺表、服务具体承诺表、投资保留及不符措施承诺表、自然人临时流动具体承诺表）共56个附件组成。总体看，RCEP是一个现代、全面、高质量、互惠的大型区域自贸协定。

　　作为兼具高质量与全面性的自由贸易协定，RCEP的内容丰富且覆盖面广泛，具体来说，不仅囊括了货物贸易、服务贸易、投资以及通关便利等传统自由贸易协定，还增加了电子商务、技术专利、数字产品等高标准新兴议题。具体内容包括以下方面。

　　第一，在货物贸易方面，RCEP在关税政策、非出口国原材料优惠、海关税费、技术标准等便利化规则方面带来了互惠。首先，在关税政策

---

　　①《区域全面经济伙伴关系协定》（RCEP）[EB/OL].[2024-11-20].http://fta.mofcom.gov.cn/rcep/rcep_new.shtml.

方面，RCEP 生效后，RCEP 不同成员国的关税将大幅度降低，承诺通过立刻降税和十年内逐步降税的方式，最终实现区域内 90% 以上的货物贸易零关税。从具体受惠产品来看，各成员国进一步扩大取消关税或降低关税率的产品范围。如印度尼西亚和马来西亚在加工水产品、车辆产品等方面加大中国税收优惠；菲律宾则在纺织产品、塑胶产品等方面给予中国零关税待遇。中国也在中国—东盟自贸协定的基础上，进一步扩大开放市场产品范围，给予其他国家更多产品零关税的待遇。其次，在非出口国原材料优惠方面，在推动一系列降税减税的基础上，进一步为各成员国企业提供优惠。具体而言，区域累积原则是指如果一个成员方境内的原产货物进入另一个成员方境内并作为原料继续展开生产和加工，那么得到的最终产品应当视为原产于另一成员方境内。也就是说，这种"原产地"属性能够通过累积从上游成员国传导至下游成员国，当然这种传导原则上不能超过两个国家。RCEP 通过放宽"原产地"规则，使"原产地"属性传导机制能够扩展至最终产品生产与增殖过程中涉及的全部域内国家。这种"原产地累积规则"有助于提升 RCEP 优惠税率利用率，推动 RCEP 成员国相互之间经贸往来，促进区域内部产业链布局和价值链分配的进一步优化升级。最后，在海关税费、技术标准等方面，RCEP 达成了一系列高标准规则。如 RCEP 采取提供货物国民待遇、临时免税入境、取消农业出口补贴，以及全面取消数量限制、管理进口许可程序等非关税措施促进货物贸易自由化等。这些便利化规则的落地，大大降低了 RCEP 域内贸易成本，提升了域内产品竞争力。

第二，在服务贸易方面，15 个缔约方通过正面或负面清单模式均作出了高于各自"10+1"自贸协定水平的开放承诺。就开放服务部门数量而言，RCEP 成员国在金融、电信和专业服务领域作出更高水平的开放承诺。如中国服务贸易开放达到最高水平，新增 22 个部门，并提高金融、法律、建筑、海运等 37 个部门的承诺水平；其他成员也在中方重点关注的建筑、医疗、房地产、金融、运输等服务部门进行高水平开放。这极大促进了 RCEP 成员国相关企业"走出去"以及区域产业链布局的优化、完善、扩展与升级。

第三，在自然人临时移动方面，RCEP 各成员的承诺基本超越各成员已有自贸协定的承诺水平。各方承诺区域内各国的投资者、公司内部流动人员、合同服务提供者、随行配偶及家属等在符合条件的情况下，可获得一定居留期限，享受签证便利，开展各种贸易投资活动。RCEP 承诺的临时流动人员适用范围扩展至服务提供者以外的投资者、随行配偶及家属等协定下所有可能跨境流动的自然人类别，超越了各成员的现有自贸协定实践中的承诺。

第四，在投资方面，RCEP 不仅对传统东盟国家之间原有的协议进行了补充与扩展，也针对市场投资规则和运行机制进行了更为全面的安排。如在投资市场准入方面，RCEP 涵盖投资保护、自由化、促进和便利化等四大支柱条款，确认了成员国在国民待遇、最惠国待遇、投资待遇等方面的义务。15 个缔约方均通过负面清单方式提高农业、林业、渔业、采矿业和制造业五个非服务业的投资开放水平。中国首次在自贸协定项下以负面清单形式对投资领域进行承诺，更好地完善国内准入前国民待遇加负面清单外商投资管理制度、锁定国内压缩外商投资负面清单改革成果、实现扩大外商投资市场准入。这些 RCEP 条款的落实与推进将进一步提升域内市场准入的确定性，从而增强 RCEP 国家间的投资信心，促进 RCEP 域内上下游价值链的高质量融合。

　　第五，在新兴议题领域，RCEP 还纳入知识产权、电子商务、竞争、数字产品、智能制造、政府采购等现代化议题，同时加强中小企业、经济技术等领域合作，满足了发展中国家和最不发达国家的实际需求。如在技术创新与产权保护方面，RCEP 对产权归属、专利设计、科学知识与传统技艺、商标、地理标志、专利、外观设计、遗传资源、传统知识和民间文艺等知识产权保护等作出了详细的规定，着力保障域内知识产权水平的提升，着力通过有效和充分的创造、运用、保护和实施知识产权权利来深化经济一体化和合作，以减少对贸易和投资的扭曲和阻碍。在电子商务方面，RCEP 针对电子商务活动中的主客体权利、营销行为、电子货币使用、数据交易、无纸化贸易、电子认证和电子签名、消费者线上保护、线上个人信息保护、国内监管框架、海关关税、透明度、网络安全、争端等作出了规定，以促进各缔约方以及全球范围内使用电子商务，加强各缔约方在电子商务发展方面的合作。在竞争方面，通过采取和维持禁止反竞争行为的法律法规，以及通过缔约方在制定和实施竞争法律法规方面的区域合作，促进市场竞争，提高经济效率和消费者福利，以便利缔约方之间的贸易和投资。在政府采购方面，希望缔约方认识到促进政府采购相关法律法规和程序的透明度以及开展合作的重要性。在贸易救济方面，设立过渡性保障措施，帮助进口缔约方防止或补救对生产同类产品及直接竞争产品的国内产业造成威胁的情况。在合作方面，一方面公开访问信息平台，促进中小企业信息共享，为中小企业提供获利机会；另一方面在成员国之间开展重点经济技术合作，向发展中成员国和最不发达成员国提供能力建设和技术援助。

　　总体来看，RCEP 在广度和深度上均较 WTO 有所拓展，在市场开放、知识产权等领域较 WTO 标准有所提高。例如，RCEP 在投资领域的规则丰富程度远超 WTO，在知识产权、电子商务、政府采购等现代化议题上较 WTO 更深入，贸易开放度 90% 也较 WTO 的 85% 更高。但由于涵盖的成员国差异较大，RCEP 仍无法达到《全面与进步跨太平洋伙伴关系协定》（CPTPP）等协定的高标准。CPTPP 在 RCEP 签署前是亚洲最大的自贸协定，保留了其框架下成员国之间要达到 99% 货物零关税（日本为 95%）、零市场准入壁垒、零补贴的"三零"标准，在知识产权、劳动和环境、竞争、国有企业、互联网规则和数字经济等规则方面均设定了高标准，且不存在十年的过渡期。而 RCEP 除贸易开放度不及 CPTPP 外，也不包含劳动或环境章节，还保持一定的农产品配额，整体而言，其标准不及 CPTPP。但 RCEP 以"发展"为核心目标，打破了当前发达经济体主导国际经贸规则制定的局面，为其他发展中经济体构建符合自身利益的区域经贸协定树立了典范，推动了全球经济的治理朝着"发展"类规则治理与"标准"类规则治理并行的方向发展。

表 1-2　RCEP 主要规则

领域	内容
货物贸易	关税和货物市场准入：包括给予其他成员国货物国民待遇、减少或消除关税、临时免税入境、给予成员国更加优惠的市场准入等。协定生效后各成员国将主要通过立刻降税和十年内逐步降税的方式，最终实现区域内 90% 以上的货物贸易零关税非关税措施。各成员国承诺将采取诸如普遍取消数量限制、技术磋商、提高非关税措施透明度、管理进口许可程序等措施

（续表）

领域	内容
服务贸易	清单承诺：包括与市场准入、国民待遇、最惠国待遇和本地存在相关的承诺。日本、韩国、澳大利亚、新加坡、文莱、马来西亚、印度尼西亚等七个成员国采用负面清单方式承诺；中国等其余八个成员国采用正面清单承诺，于协定生效后六年内转化为负面清单承诺开放领域。中国在入世承诺约 100 个部门的基础上，新增研发、管理咨询、制造业相关服务、空运等 22 个部门，并提高金融、法律、建筑、海运等 37 个部门的承诺水平；其他成员在建筑、医疗、房地产、金融、运输等服务部门进行高水平开放
投资	包括投资保护、自由化、促进和便利化在内的投资领域四大支柱条款，确认了成员国在国民待遇、最惠国待遇、投资待遇等方面的义务，15 国均采用负面清单方式对制造业、农业、林业、渔业、采矿业五个非服务业领域投资作出较高水平开放承诺
自然人临时移动	允许成员国为促进从事货物贸易、提供服务或进行投资的自然人临时入境和临时居留以附件形式作出具体承诺、制定成员国批准商务访问者、公司内部流动人员等规则
原产地规则	使用区域累积原则：产品原产地价值成分可在 15 个成员国构成的区域内进行累积，来自 RCEP 任何一方的价值成分都会被考虑在内，进一步丰富原产地证书的类型，相较于以往的"10+1"协定，除传统原产地证书外，还将允许经核准的出口商声明以及出口商的自主声明
贸易救济	为成员国设立过渡机制：有明确定义的条件和要求，此外还规定了 RCEP 过渡性保障措施实施的范围和期限 反倾销和反补贴税：强调禁止归零原则，以及披露事实和处理机密信息等义务
知识产权	规定了超出 WTO《与贸易有关的知识产权协定》中规定的知识产权保护水平的保护，涵盖著作权、商标、地理标志、专利、外观设计、遗传资源、传统知识和民间文艺等广泛内容，并规定了知识产权权利人在权利受到侵害时成员国须提供的民事救济程序

（续表）

领域	内容
电子商务	鼓励成员国通过电子手段改善贸易管理和程序，规定了电子认证和签名、在线消费者保护、在线个人信息保护、网络安全、跨境电子方式信息传输等条款，成员国同意维持 WTO 不对电子商务征收关税的决定，中国首次在自贸协定中纳入数据流动、信息存储等规定
争端解决	规定了"场所选择—磋商自愿调解—请求设立专家组—第三方参与争端"的争端解决程序，专家组的职能、程序、最终报告的执行、执行审查程序、赔偿，以及中止减让或其他义务
竞争与合作	"中小企业"章节要求成员国建立和维持一个可公开访问的信息平台，促进信息共享
	"竞争"章节涉及成员国设立或维持禁止反竞争活动的法律和法规、设立或维持执行其竞争法的机关和对消费者权益的保护，文莱、柬埔寨、老挝、缅甸四个国家有一定过渡期
	"经济技术合作"章节涉及成员国间探讨和开展重点经济技术合作活动，向发展中成员国和最不发达成员国提供能力建设和技术援助
海关程序与贸易便利化	对 WTO《贸易便利化协定》作出更高水平的承诺，强化了贸易便利化条款，通过对通关流程预处理化、加快放行低风险货物等贸易便利化措施缩短清关时间

第三节 《区域全面经济伙伴关系协定》的主要特征

RCEP 是由东盟主导、基于五份"10+1"自贸协定而形成的,但其货物贸易和服务贸易体系以及金融开放水平又显著高于"10+1"自贸协定,对整合东亚区域内经贸规则具有重要意义,具有鲜明的东亚区域特色。

一、"现代、全面、高质量、互惠"区域经济一体化定位

RCEP 作为一种超越传统自由贸易协定新型区域经济一体化范式,"现代、全面、高质量、互惠"是在 RCEP 谈判进程中被反复强调的特点。其主要表现在以下几个方面:其一,RCEP 规定货物贸易在生效后关税即刻或十年内降至零,其整体自由化水平超过90%,此协定内容明显高于 WTO 标准,另外协定规定原产地以区域累积规则为原则,将经核准的出口商声明及出口商自主声明纳入原产地证书类型,其海关程序与贸易便利化的整体水平亦超过 WTO《贸易便利化协定》[1]。其二,RCEP

---

① 商务部国际司负责同志解读 RCEP(二)[N].国际商报,2020-11-17.

除了强调贸易投资自由化、撤除非关税壁垒、"海关程序和贸易便利化"、"自然人临时移动"等"跨边界"内容外，还注重"标准、技术法规和合格评定程序""知识产权""竞争""电子商务""政府采购"等涉及"边界后"新兴规则议题。其三，RCEP在重申世贸组织相关协定的基础上，设立了过渡性保障措施制度，将"禁止归零"原则纳入了反倾销调查，同时规范与细化了反倾销与反补贴调查程序中的执法实践，促进提升贸易救济调查的透明度和正当程序。其四，RCEP在投资领域，引入了投资促进、投资保护、投资便利化与自由化等议题，全部成员承诺采用负面清单方式，并通过"冻结机制"和"棘轮机制"，防止对外资的开放承诺出现倒退现象。其五，RCEP把金融、电信、专业服务作为"服务贸易"的独立附件，专门设有"中小企业""经济技术合作"章节并作出加强合作的规定，力争实现货物和服务贸易、投资及规则领域利益平衡与多边收益最大化。①

二、"开放包容、渐进灵活"的区域经济一体化"东盟方式"

作为东盟推动区域经济一体化倡议，RCEP在谈判过程和协议内容等方面，一直贯彻东盟主导和东盟区域经济合作方式这两点基本立场。2020年RCEP第四次领导人会议在见证RCEP签署时，重申东盟提出RCEP这一事实和确认东盟在RCEP框架中的主导地位。时任国务院总理李克强在出席第四次区域全面经济伙伴关系协定（RCEP）领导人会议时也强调："在RCEP谈判过程中，东盟国家发挥了重要引领作用，

---

① 张天桂.RCEP：特点、问题与前景[J].国际展望，2021（2）.

功不可没。中方将继续坚定支持东盟发挥中心作用，推进落实 RCEP 后续工作。"[1]在文本中，RCEP 规则延续了东盟构建区域经济一体化对东盟成员差异性及规则灵活性的要求，并实施以"开放包容、渐进灵活"为特色的区域经济一体化"东盟方式"。

RCEP"开放包容、渐进灵活"的"东盟方式"主要表现在：①主权国家或单独关税区均可以依照规定加入或退出协定，RCEP 第二十章"最终条款"第七条"退出"和第九条"加入"，明确"任何缔约方均可以通过向保管方提交书面退出通知而退出本协定"，同时自 RCEP"生效之日起 18 个月后，开放供任何国家或单独关税区加入""一国家或单独关税区可以通过向保管方提交书面申请的方式寻求加入本协定"[2]。②在 RCEP 框架下，兼顾各缔约方利益关切、与欠发达地区开展经济合作与技术交流、对不发达成员的相对包容以及设立特殊和差别待遇条款，如充分考虑成员国不同发展水平和经济需求，给予欠发达成员国一定的过渡期或例外条款，RCEP 设立了 20 年左右的市场开放过渡期，逐步实现 90% 税目产品进口零关税，并为柬埔寨、老挝、缅甸等成员国提供了制定国内立法和完善监管体系的过渡期。③在 RCEP 具体正文相关章节规定上，如 RCEP 第八章"服务贸易"第五条"市场准入"、第十二条"过渡"等[3]条文对服务贸易市场准入的规定，既有七个缔约方采用负面清单方式，也有八个缔约方采用正面清单方式，在采用正面清单方式中的新西兰、中国、泰国、菲律宾、越南须在协定生效后的六

---

①白阳，刘卫兵.李克强出席第四次区域全面经济伙伴关系协定领导人会议 [N]. 人民日报，2020-11-16.

②区域全面经济伙伴关系协定（文本）[EB/OL].[2024-11-20].http://fta.mofcom.gov.cn/rcep/rcep_new.shtml.

③同上。

年内转化为负面清单方式，柬埔寨、老挝、缅甸则可于15年内完成转化。再如，RCEP第十一章"知识产权"第七十八条"最不发达国家缔约方的过渡期"、第七十九条"特定缔约方过渡期"和第八十一条"技术援助请求清单"等条款①，给予最不发达国家缔约方不同知识产权类别期限不同的过渡期。又如，RCEP第十三章"竞争"第三条"针对反竞争的适当措施"和第四条"合作"两个条款②，具体列明对文莱、柬埔寨、老挝和缅甸四国的适用性。

三、突出经济技术合作内容

RCEP成员国既涵盖日本、新加坡等发达国家，也囊括老挝、缅甸等欠发达国家，各个成员国综合经济实力、发展水平和政治制度也各不相同，由此决定了RCEP在推动区域经济一体化中，必须突出经济技术合作内容。所以，经济技术合作既是RCEP谈判伊始就列出的七项议题之一，同时也是最早完成磋商的一章（RCEP第十五章"经济技术合作"），"经济技术合作"作为RCEP独有的内容可以说是区别于CPTPP等其他区域自贸协定的标志。

具体而言，RCEP"序言"中强调，尽可能地通过区域经济一体化和经济技术合作满足域内各个国家的需求，"期望通过本协定，在缔约方之间现有经济联系的基础上，扩大并深化本地区经济一体化，增强经济增长和公平的经济发展，推进经济合作""希望增强缔约方的经济伙

---

①区域全面经济伙伴关系协定（文本）[EB/OL].[2024-11-20].http://fta.mofcom.gov.cn/rcep/rcep_new.shtml.

②同上。

伴关系，以创造新的就业机会，提高生活水平，改善各国人民的普遍福利""寻求建立清晰且互利的规则，以便利贸易和投资，包括参与区域和全球供应链"。①RCEP 第十五章"经济技术合作"中，进一步"重申缔约方之间正在进行的经济技术合作倡议的重要性，并且同意在缔约方具有共同利益的领域补充现行的经济伙伴关系""RCEP 背景下的经济技术合作旨在缩小缔约方之间的发展差距，并从本协定的实施和利用中实现互惠的最大化。经济技术合作应当考虑每一缔约方的不同发展水平和国家能力""缔约方应当考虑东盟成员国中最不发达国家缔约方所面临的特定限制。应当向此类缔约方提供，提供此类援助的一缔约方或多个缔约方与寻求此类援助的一缔约方或多个缔约方一致同意的适当的能力建设和技术协助，以帮助其履行义务以及从本协定中获益"。②

由此可见，RCEP 突出经济技术合作内容主要包括以下三点：第一，RCEP 的经济技术合作目的在于缩小各缔约方间的发展差距，并从 RCEP 协定实施中实现互惠最大化。第二，RCEP 的经济技术合作内容除通常的货物、服务贸易和投资外，更注重在知识产权、电子商务、竞争和中小企业等方面的能力建设和技术援助。第三，RCEP 的经济技术合作尤其要侧重对东盟成员国中最不发达国家缔约方（如老挝、柬埔寨、缅甸）提供经济和技术援助。

---

① 区域全面经济伙伴关系协定（文本）[EB/OL].[2024-11-20].http://fta.mofcom.gov.cn/rcep/rcep_new.shtml.
② 同上。

RCEP

第二章

RCEP 框架下中国与越南经贸合作关系研究

越南社会主义共和国是当今新兴国家中的重要代表。自 1986 年正式启动革新以来，越南经济取得了长足的进步。自 1986 年开始，越南经济高速增长已长达 30 余年，年均增速 6% 以上。在全球经济增长放缓的大背景之下，2022 年越南经济保持快速发展，在亚洲国家中越南 GDP 增速位列第一，实现同比增长 8.02%。[①] 作为东盟中的重要成员，越南在东南亚具有十分重要的地位和作用。快速发展的越南经济使得越南成为包括中国投资者在内的国际投资者十分关注的投资目的地，也使得其成为全球制造业新的中心之一。高度外向型的经济结构，使得越南政府成为贸易自由化和全球化的坚定支持者。越南也是 RCEP 成员国之一，这对于区域经济发展合作具有十分重要的指向意义。

---

① 张锐. 越南经济高增长奇迹之我见 [N]. 证券时报. 2023–02–14.

第一节　中越经贸合作关系现状

越南经济的发展可谓占据了"天时地利人和"。就"地利"而言，越南背靠东盟与中国。作为东盟的成员国，越南依托东盟一体化的市场优势，享受成员国间原材料流通零关税的便利，也吸引了大量的其他东盟国家投资。而中国作为越南的邻国，是世界最大的贸易国，也是世界第二大经济体。中国不仅是越南重要的出口市场，也是全球供应链的中心之一，因此出口导向型的越南经济依赖于从中国进口重要的机械设备、中间商品和零部件。越南与中国内地深度融合，加上便利的海运位置，使得其成为亚太贸易网的重要一环。中国是越南的第二大出口市场，也是越南最大的农产品出口国。从"人和"的角度来说，越南自统一以来，政局平稳，社会安定。近些年来，越南政府加大开放改革的力度，与世界主要的经济体都建立了较为稳定的联系。从"天时"的角度而言，在中美关系转向紧张，西方打着"去风险化"，企图加快与中国"脱钩"，西方有意减少对华的贸易的大背景下，越南对西方国家的出口快速增加，尤其是对美国的出口。而作为拥有约一亿人口的大国，越南人口红利的释放，无疑是推动越南经济发展的另一重要因素。在人口红利的释放之下，劳动密集型的纺织业、制鞋业等快速发展。^①据越方统计，2022 年越南纺织服装及鞋业出口总额达710 亿美元，创历史最高水平。快速发展的经济也培育了一个快速增长的越南国内市场。成长的越南国内市场也给中国企业提供了广阔的发展空间，激发了中国企业赴越南"淘金"的欲望。在多重利好的加持下，中越经贸关系蓬勃发展。就中越经贸关系现状而言，两国经贸合作关系呈现以下特点。

一、中越经贸合作关系发展迅速，中越之间的经济联系日益密切

中国是越南当前第一大贸易伙伴、第二大出口市场；越南也是中国的第六大贸易伙伴。自 2016 年以来，越南一直是中国在东盟最大的贸易伙伴。根据海关总署的相关统计，2020 年两国贸易额为 1922.8 亿美元，2021 年中国与越南双边贸易首次突破 2300 亿美元的大关，实现了 19.7% 的增长。^②2022 年中越之间双边贸易额达到了 2349.2 亿美元。2023 年前三季度，在全球贸易疲软的情况下，中越之间的贸易总体保持稳定，达到了 1850 亿美元的规模。^③而在 2006 年，中越之间的双边贸易额仅为 99.5 亿美元。近些年来，中越边境的广西和云南两省大力发展与越南的边境贸易，边贸的兴盛也带动了两国边境口岸城市的发展。两国边民相互密切的商业往来和旅游等交流活动，彰显了中国与越南之间密切的经济联系。

---

①许宁宁，昌道励，曾良科."越南制造"会是下一个"中国制造"吗？[N].南方日报，2023–12–14.

②罗琴.疫情背景下中越贸易长效发展的对策 [J].社会主义论坛，2022（10）.

③参见海关总署统计数据库。

表 2-1 中越贸易的总体状况（2013—2022 年）

年份	2013	2014	2015	2016	2017	2018	2019	2020	2021	2022
贸易额 / 亿美元	654.8	836.4	958.2	982	1213	1479	1620	1923	2302	2349
增长率	30%	27.7%	14.6%	2.5%	23.5%	21.3%	9.6%	18.7%	19.7%	2.1%
在越外贸 位次	1	1	1	1	1	1	1	1	1	1

（数据来源：商务部和海关总署）

二、中国是越南最大的外贸逆差来源国

从中越商品贸易的结构来说，中国出口越南的商品主要为具有中间性质的商品，而这与越南在世界制造业中处于产业阶段和出口导向型的经济结构有着密切关系。2018 年，越南主要的进口商品集中于电子和机械零部件、纺织原料等中间产品。越南进口中间商品的主要目的不是用于国内消费，而是用于继续生产，特别是以出口为最终目的。中国是越南最主要的中间产品进口来源地。[1]中国从越南进口的商品则主要为：农产品、橡胶、计算机及其相关部件等。在农业领域，中国是越南最大的农产品出口目的地之一，是越南主要的蔬菜和水果出口目的地。中越之间经济结构和发展水平的差异，尤其是越南在制造业上主要承接中低端制造业，决定了中国与越南之间的贸易具有高度的互补性。中国是越南制造业发展不可或缺的重要帮手，是越南中间产品的最大进口来源。

---

① 黄郑亮. 越南制造业在全球价值链的位置研究 [J]. 东南亚研究，2019（5）.

三、中越经贸合作范围不断扩大，合作关系不断加深

当前，中越之间的经贸合作已经超越早期简单的货物贸易形式，越来越多的中国企业开始走出去投资越南这块"热地"。中越两国企业在产业链、供应链上开始深度融合。目前，中国是越南的主要境外投资者之一。根据越南政府的统计，2023年前10个月，新加坡以总投资资本近46.5亿美元，占越南吸引外资总额的18%以上，是越南第一大投资方；韩国以近39.3亿美元排名第二，占越南吸引外资总额的15.2%；中国香港地区位居第三，注册投资总额近35.4亿美元，占越南吸引外资总额的13.7%以上，较同期增长近2.6倍；中国内地则紧随其后，排名第四。但是从项目数量来看，中国新批投资项目数量领先。当前中国企业投资越南的热情很高，一方面由于越南人口红利的释放，经济的发展；另一方面由于中美关系紧张以来，随着美国推动对华经济脱钩，美国等西方国家开始寻求所谓中国关键产品的替代品，而越南则成了西方所谓"友岸外包"的重要选项。西方跨国公司开始将订单转向越南。也是在此背景下，很多中国的外贸和制造业企业向越南进行迁移。不仅如此，越南近些年的快速发展产生了强劲的基础设施建设需求，许多中国大型国有企业也开始涉足越南的重大基础设施建设。比如，中国交建自1996年开始进入越南市场后，先后参与了越南的20多个基础设施和能源项目，包括河内—海防高速公路项目、盖梅—施威港群建设项目、平顺永新燃煤电厂项目、平顺和胜风电项目等。

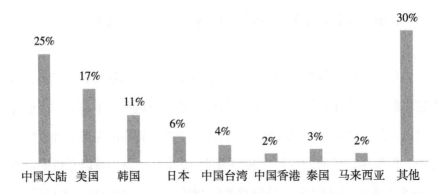

图 2-1　2021 年越南主要贸易伙伴在越南总贸易中的占比

（数据来源：北大汇丰专题报告《RCEP 框架下中越经贸如何合作共赢》）

四、中越经贸合作不断加深，推动两国产业链、供应链融合

当前中国是越南最大的进口来源地，是越南最重要的中间产品和机械设备的进口来源地，背靠中国这个全球最为重要的制造业基地是越南发展外向型经济的重要条件。越南是当今全球贸易自由化的支持者，以 2007 年越南加入世界贸易组织为标志，越南全面融入全球经济。① 随着中国—东盟自由贸易区、RCEP 等区域经贸合作机制的发展和生效，中越经贸发展踏上了快车道，两国经贸联系日益密切，特别是两国山水相连的毗邻优势得以充分体现出来。根据越南方面相关统计，2023 年 1 月至 11 月，越南对中国出口是对主要经济体出口中唯一实现正增长的。中国对越南的投资在显著增长的同时，也有向高科技领域发展的趋势。中越两国政府的高度重视和推动，特别是 2023 年 12 月习近平主席出访

---

① 对外投资合作国别（地区）指南——越南（2023 年版）[EB/OL]. [2024-11-20]. http://www.mofcom.gov.cn/dl/gbdqzn/upload/yuenan.pdf.

越南，为中越两国双方关系发展注入了新的动力。中越之间签署了一系列政府间合作协议，这为中越经贸发展提供了指引，也把中越两国的经贸合作带向了新的高度。[①]

表2-2 中国对越南投资情况（2016—2022 年）

年份	投资额 / 亿美元
2016	12.8
2017	7.6
2018	11.5
2019	16.5
2020	18.8
2021	29.2
2022	17.0

（数据来源：中华人民共和国商务部）

---

① 聂慧慧 . 越南 2023 年回顾与 2024 年展望 [J]. 东南亚纵横，2024（2）.

第二节　发展中越经贸合作关系中存在的问题

中越经贸关系发展迅速，已经成为中越关系中重要的"压舱石"，双边的经贸关系对中越两国各自产业发展、人民生活水平的提高，都起到了积极的作用，特别是中越经贸关系对越南的工业化起到了十分重要的作用。但是也应该看到，中越经贸关系发展快、规模大，也存在一些问题。这些问题在相当程度上对双边经贸关系的持续健康发展构成了制约。

一、海洋权益纷争对两国关系发展构成一定制约

中国与越南在南海存在着领土和领海主权争议，而南海海洋权益争议的存在给中越双边关系的发展带来影响。近些年来，美国积极拉拢越南、菲律宾等在东南亚与中国存在海洋利益纠纷的国家，企图借此对中国施压，离间中国与东盟国家的关系。在此背景下，美国增强了对越南的海上安全能力提升的支持，美越之间的海上安全合作开始升温。[①] 其

---

① 宋清润，杨耀源.美国与越南海上安全合作的发展与制约因素 [J].和平与发展，2020（5）.

他域外势力也不断介入南海问题，强化与越南的海上安全合作，如印度、日本和欧盟等。这也将给中国与越南两国关系的持续稳定发展带来一些负面影响。西方国家不断利用其自身的信息传播能力和平台优势，利用这一议题制造中越两国民间的对立，并不断煽动越南国内对中国的不满情绪，破坏中越之间传统情谊。对于这一问题，中越两国应高度重视，要以两国关系发展的大局为重，从战略和全局的角度出发，以友好协商的方式妥善处理两国之间的相关问题和纷争。经贸关系作为两国关系的基石，对两国关系总体发展影响深远；两国应从长远考虑，以经贸合作带动中越关系整体的发展，推动两国的共同发展，减少负面因素对两国关系发展的影响。

二、美国与中国进行地缘政治和地缘经济竞争，给中越经贸合作带来负面影响

面对中美在数字领域的竞争，越南认为美国在芯片和供应链方面占据优势，因此在数字化领域采取了优先与美国及日韩等国合作的策略。在第五代移动通信技术、芯片技术发展领域，越南采取了对中国企业的规避态度，选择优先与日本、韩国等美国认可的国家的企业采取合作。2020年9月，越南通信传媒部部长阮孟雄在会见美国国会官员时表示：越南愿意在符合美国安全标准前提下与美国开展第五代移动通信技术业务的合作，希望美国评估越南的第五代移动通信技术是否符合美国安全标准以便其尽早进入美国市场。虽然越南并没有完全中断与中国企业的合作，但是这对两国在数字经济领域的合作造成了极大的破坏，给中越

两国的关系带来了较大的负面影响。①越南在高技术合作领域仍然对中国存在着较强的防备心态，也担心中越相关领域的合作触动美国的"神经"，从而影响美国与越南之间的经济关系。在美国加快对华经贸"脱钩"，追求半导体领域对华遏制封锁的大背景之下，越南有意借此机遇，吸收欧美的半导体企业投资，打造越南自身的产业基础。当前美国企业在越南的数字经济领域耕耘较深，美国企业在越南具有较强的影响力。双方在数字支付、电子商务、智慧城市等领域都进行了较为深入的合作。美资企业英特尔于 2010 年投资 15 亿美元在越南兴建了芯片组装、封装和测试工厂，并将越南打造为该公司在全球范围内最大的相关工厂。美国和越南政府也希望英特尔公司等能够加大在越南的投资，从而使越南能够进入美国的半导体产业链之中。因此，数字经济领域的中越合作当前存在着一定的结构性矛盾，需要中越双方从两国经贸合作的整体大局出发，找到相关的应对之策。

三、经贸关系的非对称性给中越经贸合作带来潜在影响

贸易不平衡也会给两国提升双边经济合作带来一定影响。根据 2022 年中国—东盟商务理事会（CABC）的数据，在 RCEP 成员国中，中国对越南的贸易顺差最大，约为 455 亿美元。巨大的贸易逆差使得越南政府领导人在不同的场合呼吁中越贸易的平衡。越南政府希望中国能够扩大对越南进口的规模，来缓解双边贸易的不平衡。当然，中越之间的贸易不平衡问题是由多重因素造成的，中国并不追求贸易顺差。不平

---

①赵卫华.中美战略竞争背景下的越南数字强国战略：合作契机还是地缘挑战？[J].南洋问题研究，2023（1）.

衡的存在很大程度与国际分工有关，也与越南与其他国家的巨大的贸易顺差有着紧密的联系。这与越南出口导向型的经济和越南现阶段相对较低的制造业水平有着巨大的关联。[①]这一问题的解决，一方面依赖于中国政府扩大对越进口；另一方面，则需要中国与越南政府携手合作，共同推动越南工业化水平的提升。但是，越南近些年采取了一些对华的贸易保护主义的举措。尤其是 2023 年以来，越南经济自身的一些问题，加之贸易逆差不断增大的趋势，对越南自身的产业构成了影响，因此越南工业和贸易部在 2023 年下半年加强国内外贸易救济调查的力度和案件的处理效率，以保护越南制造和出口企业的利益。[②]越南从中国大量进口钢铁，中国钢铁随后被贴上越南品牌的标签，出口到第三国，以规避高额关税的情况发生后，越南贸易救济局开始特别关注钢铁、木材和太阳能电池等出口额高的产品的反规避案件，因为这些案件对越南国内生产和出口影响较大。但总体上这些举措将会极大地影响中国企业在越南的布局和生产投资，给中越贸易带来巨大的不利影响。中越之间非对称性的经济联系也很容易给外部势力介入提供方便和可能。总的来说，在中越之间经济相互依赖关系上，中国对越南依赖程度低，影响力更大；而越南则相对影响力较小。[③]因此，不平衡的中越贸易不仅是越南国内政治中较为注重的议题，也是近些年来一些境外势力插手中越经贸合作的重要的借口。

①金丹，冯飞云.RCEP背景下越南对中国贸易逆差成因及对策研究 [J].国际贸易，2022（12）.

②越南拟利用贸易救济手段保护国内产业，外贸企业应注意防范风险 [EB/OL].[2024-11-20].http://cacs.mofcom.gov.cn/article/flfwpt/jyjdy/cgal/202307/177353.html.

③刘文丽.中越经济关系中的"非对称性"与应对策略分析 [J].经济研究导刊，2019（27）.

表 2-3   2016—2022 年中国对越南贸易顺差情况

年份	对越出口 / 亿美元	对越进口 / 亿美元	对越贸易顺差 / 亿美元
2016	611.0	371.3	239.7
2017	819.5	480.2	339.3
2018	839.0	639.6	199.4
2019	978.7	641.3	337.4
2020	1138.1	784.7	353.4
2021	1379.3	922.7	456.6
2022	1469.6	879.6	590.0

（数据来源：海关总署）

四、中越两国产品海外市场竞争性关系带来的挑战

中国是当今世界第一贸易大国，是世界最大的出口国，而越南则是新兴的出口导向型经济体的典型。从出口的结构上来说，两国出口产品中都有大量的资源和劳动力密集型产业，二者在世界市场上存在竞争关系。越南承接了较多来自中国的劳动密集型产业等中低端制造业，这些产品的主要出口对象是美国等西方国家。虽然越南对美国等西方国家的出口产品高度依赖于中国所提供的"中间产品"，但是考虑到中国国内仍然具有相当规模的中低端制造业，仍然依赖于对海外市场出口，因此，中越经贸关系存在合作的一面，也存在竞争的一面。尤其是在机械制造业、服装业上，两国都具备一定程度的国际竞争力，在国际分工中存在协作，也存在着激烈的竞争。越南出口经济的发展对中国国内相关出口产业的发展形成了挑战。比如在服装制造领域，越南凭借着低人工成本、

低土地成本等优势，挤占了中国服装制造企业的海外订单。越南制造业的崛起和向越南的产业转移也给中国中西部地区的工业化和制造业发展带来了挑战。[①] 虽然越南受制于自身的经济体量，对中国的经济冲击较为有限，但是未雨绸缪、科学决策与应对，减小其对我国国内外贸和中西部工业化的冲击，是需要加以考量的。

---

①侯隽.专访商务部研究院专家白明　越南只是一环，产业链仍然以中国为主 [J]. 中国经济周刊，2022（10）.

第三节　RCEP 对发展中越经贸合作关系的影响

　　RCEP 对发展中越经贸合作关系的影响是巨大的。这也是两国政府及两国产业界高度重视并怀有极大期望的重要原因。RCEP 对于后疫情时代中越两国各自经济的恢复具有十分重要的意义，给两国的经贸关系发展提供了广阔的发展空间。具体说来，RCEP 将在以下几个方面对两国经贸关系产生重要影响。

一、成为发展中越经贸关系的加速器

　　根据世界银行测算，越南将会是《区域全面经济伙伴关系协定》的最大获益者。在最乐观情景的测算下，在充分利用所有优势的情况下，越南将成为 RCEP 成员国中收入水平最高的国家。越南收入水平将增长4.9%，高于其他国家（2.5%）。越南有望实现 11.4% 的最高出口增长率。同时，越南进口也将明显增长，达 9.2%。[①]RCEP 的成员是越南的主要贸易国，对此，越南工贸部部长阮鸿延认为：RCEP 签署并生效后

　　[①] 世行评估报告称：越南将是从 RCEP 获益最多的国家 [EB/OL].[2024–11–20].http://hochiminh.mofcom.gov.cn/article/jmxw/202204/20220403308792.shtml.

将为越南扩大市场、加大出口力度、参与区域内新价值链、加大招商引资力度等敞开机遇大门。① 作为 RCEP 参与方的中国，是越南最大的贸易伙伴，也是越南最大的中间产品来源地，中越之间贸易自两国关系正常化以来发展迅速。中国是当今世界最大的市场之一，中越山水相邻，具有发展边境贸易、河运海运等多重贸易的优势。中国是越南主要的农产品进口国，来自越南的咖啡、水果等深受中国民众的欢迎。RCEP 签署前，中越两国已在中国—东盟自贸区框架下相互开放农产品市场，中国对越南 93% 的农产品取消了关税，越南也对中国 91.7% 的农产品取消了关税。而 RCEP 实行后，越南承诺对中国 91.3% 的农产品最终取消关税，与之相对应，中国承诺对越南 92.6% 的农产品最终实行零关税，其中对 960 个税目的农产品维持零关税或立即降零，占全部农产品的 65.3%。②RCEP 的生效给中越带来的影响不仅仅是在农业领域，更是全方位的。越南与中国的广西、云南两地相邻，RCEP 的生效将极大推动两地与越南之间边境贸易、电子商务的发展。随着广西的陆海新通道的建设，北海港和防城港等海运港口充足的运力和完善的基础设施，以及中越铁路国际通道都将极大加强中越两国的经济贸易的交流合作。③RCEP 生效时间虽不长，但无论中越政府，还是两国的企业和人民，都对其抱持一种乐观的态度。中越经济贸易合作潜力也必将在 RCEP 关税互减政策、原产地累积规则等政策的利好之下，进一步得到释放。

---

① 刘馨蔚.RCEP 生效为越南敞开机遇大门 [J]. 中国对外贸易，2022（4）.

② 农业贸易百问 | 走进 RCEP 成员国：中越农产品贸易前景如何？ [EB/OL].[2024–11–20]. https://swt.yn.gov.cn/articles/34701.

③ 孙子怡."一带一路"倡议下中越经贸合作的现状、问题和前景 [J]. 现代管理科学，2019（5）.

二、加速中越产业链、供应链深度融合

RCEP的原产地规则、关税优惠、投资便利化等诸多的优势，在推动中越两国商品贸易的同时，也将推动两国在全球产业链、供应链领域的深度融合。可以说，RCEP对于中越两国的产业领域而言，都是巨大的机会。如何抓住利好，特别是随着越来越多的中国企业布局越南，越南制造业与中国的制造业形成了事实上的产业链的上下游的关系。确保产业链、供应链的安全，是中越两国所面对的共同问题，也是二者的一致利益之所在。RCEP有助于两国乃至区域内生产服务的联动一体发展。中越可以在RCEP的框架之下，利用好诸如关税优惠、原产地规则等政策红利，进一步提升相互之间产业的联系度，实现共同发展，确保各自产业链的完整性和安全性，确保彼此的产业安全和经济安全。

三、强化中越之间产业竞争

相较于中国，越南在劳动力价格、土地等方面存在优势，人口红利正在释放；从产业结构上来说，二者在部分出口产业上存在着竞争。RCEP会强化越南对国际资本的吸引力，尤其是中低端制造业。这也会对中国国内企业构成竞争压力，可能会引起国内部分产业的外流，尤其是考虑到中国国内的工业发展存在着地区差异。广大的中西部地区仍然处于工业化的实现过程中，当前国内部分产业链从东南沿海向中西部地区转移。另外，由于一些客观因素，越南近些年也承接了大量与中国相关的手机、PC设备生产的移转。从这一方面来说，中国与越南之间，

特别是中西部地区与越南之间存在着激烈的产业竞争。① 从这个角度而言，如何发挥中国中西部地区相关产业的优势，在激烈的国际竞争中拔得头筹，这是需要正视的问题。

①侯隽.专访商务部研究院专家白明　越南只是一环，产业链仍然以中国为主[J].中国经济周刊，2022（10）.

第四节　进一步发展中越经贸合作关系的政策建议

中越经贸关系发展势头良好，发展强劲，虽然有问题，但是前景光明。因此，出于现实和长远的需要，有必要正视双边经贸关系发展中存在的客观问题，从政治的高度加以审视，找出合适的因应之策，从而推动双边经贸合作关系进一步健康、可持续发展。

第一，在发展中越外交关系方面，要做好顶层设计，强化中越政府层面间的协调，为两国之间的经贸合作提供强有力的政治支持。

中越两国政府都高度重视两国之间的经济联系，稳定发展的中越经济关系不仅有利于两国总体关系的发展，也对两国各自的发展有利。但是由于中越在历史上和领土问题上存在着争议，两国之间的经贸合作始终存在着政治上的不确定性。要推动两国经贸合作更上一层楼，需要两国政府从顶层设计上作出协调和规划。当前中越边境贸易火热，但是两国竟没有一条直达的高速铁路。而 1910 年建成的、时速仅为 35km/h 的中越米轨铁路仍然是两国跨境运输的主要通道。①这与中越两国经贸合

---

① 中越米轨国际联运开行列车逾万列 [EB/OL].[2024-11-20].http://www.sasac.gov.cn/n2588025/n2588129/c28154452/content.html.

作所需要的庞大的交通运输需求相比，显得十分滞后。越南的基础设施建设需求强劲。2023 年 9 月，越南总理范明正在第 20 届中国—东盟博览会上指出，东盟国家有很大的基础设施建设需求，希望东盟和中国加强铁路交通技术设施对接，扩大智慧口岸建设合作，满足各国企业和民众的投资经营、文化旅游等交流需求。但是，现实中中国企业在越南的基础设施建设的承接上却困难重重，面临诸多的障碍。在中越的经贸合作中基础设施建设上的实施难题，是摆在中越两国面前的重要的挑战。这一问题需要通过两国沟通和协调加以解决，只有如此才能真正发挥其对地区经济社会发展的正向效用。

　　第二，在战略规划方面，要用好 RCEP、中国—东盟自由贸易区等政策红利，做到中越两国发展战略的对接，特别是积极推进"一带一路"倡议与"两廊一圈"规划对接，务实推动双方重点合作事项。

　　越南是中国重要的周边邻国，是东盟的重要成员，也是"一带一路"倡议重要的参与方。积极推动两国经济贸易合作，特别是实现两国发展战略的对接，不仅造福于两国人民、推动两国共同发展，也有利于全面丰富中越关系的内涵、提升两国关系的层次；真正打造紧密的"命运共同体"。2022 年 10 月，时任越共中央总书记阮富仲率团访问中国，与习近平总书记举行会晤；中越两国共同发布了《关于进一步加强和深化中越全面战略合作伙伴关系的联合声明》，声明为中越经贸合作指明了正确的方向和明确的合作重点指引。声明强调，要加快推动商签两国政府间推进共建"一带一路"倡议和"两廊一圈"框架对接合作规划，开展产能合作，开展基础设施建设与互联互通合作，尽快完成老街—河内—海防标准轨铁路规划评审；明确了电子商务在两国经贸合作中的重要地位；采取积极的措施缓解两国的贸易不平衡问题；强化两国在农业、渔业等领域的合作。[①]中越两国当前在产业链、供应链方面已经实现了融合，确保产业链和供应链的安全稳定也是中越经贸合作的努力方向。中越经济的融合体现在二者相互依存关系的不断强化。2020 年中国已经成为越南第三大外资来源，更是连续 18 年成为越南最大的贸易伙伴；中越经贸关系的发展是由市场和政府引导双重助力的结果。[②]当前由于大国经贸摩擦和技术竞争，全球产业链正在发生新一轮的调整。中越经贸关系发展的前景则深深嵌于这一重构的过程之中。越南自身有利的条件及对其有利的外部条件，加之其内部相对发达的工业园区为产业链各个环节的聚集提供了条件。中越两国的产业链越来越体现出前后向的紧密联系关系。中国企业在越南也面临着来自日韩等国企业的压力。[③]在此情况之下，中国企业要强化对越南的关注，在强化安全风险意识的前提之下，适度增加对越南的产业投资，增强其与国内产业链的联系。中国企业向越南转移的出口导向产业所提供的是中间性质的产品，例如零部件；这本身也是中国企业沿价值链做线性升级、朝高端制造业迈进的体现。[④]中国制造向高端迈进，不仅会为越南制造业的发展提供有利的条件，而且也会为越南企业提供广阔的机遇。中越两国在产业链、供应链领域的融合是大势所趋，符合两国共同利益；而 RCEP 的生效，则会强化这种联系，推动两国经济联系迈上新的高度。

第三，在经贸领域，利用 RCEP 的相关政策，积极扩大自越南的产品进口，增强中越贸易合作的平衡性和稳定性。

---

①关于进一步加强和深化中越全面战略合作伙伴关系的联合声明 [EB/OL]. [2024–11–20]. https://www.gov.cn/xinwen/2022-11/01/content_5723205.htm.

②潘金娥. 构建中越命运共同体的理论基础、历史经验与实践动力 [J]. 马克思主义研究，2021（7）.

③罗仪馥. 全球价值链重构与中国对越投资前景 [J]. 云大地区研究，2019（2）.

④李士萌. 在全球价值链加快重构中把握中国机遇 [J]. 中国报道，2023（3）.

　　中越之间的贸易总体上来说，中国处于较为有利的位置，中越之间贸易逆差的扩大也并非中国本意，但是不平衡的贸易也会引起越南国内的反弹，加剧越南国内对中国一定程度的贸易保护主义。因此，中国可以主动扩大越南优势品类的进口，包括植物产品（主要是水果）和原材料、矿产品及能源（主要是天然橡胶、木业、化肥、原油、金属、煤炭、皮革）等，有助于缩小越南与中国的贸易逆差，同时还可以帮助越南的优势产业扩展国际市场。自 2022 年 1 月 1 日 RCEP 生效以来，中国正式接受了榴莲、燕窝、红薯、百香果等越南农产品的进口，越南企业对华出口的农产品不断增加。2022 年越南的榴莲出口额接近 4 亿美元，而对华出口额达到了 3 亿美元。可见，RCEP 对于中越贸易具有巨大的拉动作用，特别是在越南对华出口中起到了非常大的推动作用。

　　第四，在对外投资领域，抓住 RCEP 的政策红利，强化两国在纺织品、机械产品等具有极强增长潜力的领域的合作，特别是中国企业要抓住 RCEP 的有利政策，抢占越南市场，扩大在越南的投资。

　　越南是中国企业在亚洲地区投资的主要目的地，吸引中国企业在越南投资的主要因素在于：越南相对低廉的劳动力市场优势、越南政府的政策优惠以及与中国相邻的地理优势。同时，在越南投资设厂可以享受到越南的产地认证，借助于越南与其他经济体达成的自由贸易协定，可以较为轻松地进入他国市场。从产业发展的角度来说，今天越南在劳动力成本、土地等方面具有优势，越南与各主要经济体之间的自贸协定带来产品准入及关税优势。因此国内的部分中低端产业的转移是不可避免的。中国是"世界工厂"，拥有世界上最为完整的工业体系；而越南的制造业更多仍然停留在产品代工阶段，或者组装出口阶段。从产业发展的角度看，中国产业某些特定环节的"外溢"是必然，而越南可以凭借着近邻的地理优势"近水楼台先得月"。作为东盟主要经济体的越南加入 RCEP，有助于提升中国在整个国际分工中的地位，提升中国在亚太地区经贸中的地位。[①]事实上，中国企业很早就把眼光投向了越南，今天越南制造业中的相当部分事实上是源自中国的产业转移。中国国内企业要抓住 RCEP 的政策红利，特别是纺织业、制鞋业等劳动密集型产业，更要抓住这个机遇。

[①]陈霞昌，唐维. 中企订单"外溢"引关注　国际分工深化是大势所趋 [N]. 证券时报，2022-05-09.

RCEP

第三章

RCEP 框架下中国与老挝经贸合作关系研究

中国和老挝山同脉、水同源，是前途相关、命运与共的社会主义友好邻邦。老挝人民民主共和国位于中南半岛北部的内陆国家，北邻中国，南接柬埔寨，东临越南，西北达缅甸，西南毗连泰国。老挝与中国云南省接壤，面积23.68万平方公里，该国人口约为750万人。老挝由约50个民族组成，其中华人约为7万人。在政治体制上，老挝实行社会主义制度。老挝人民革命党是老挝的唯一政党。对外关系上。越南与老挝保持着特殊关系。中国与老挝1961年4月25日正式建交。[1]自建交以来，中国与老挝经历了20世纪70年代末到80年代中期的曲折，1989年两国关系得到了恢复，并不断发展。当前中老关系正沿着《中国共产党和老挝人民革命党关于构建中老命运共同体行动计划》的规划而稳步发展。老挝经济发展水平总体不高，但是发展较为迅速。老挝的经济随着老挝改革开放的深入与吸引外资"资源换资金"战略的施行而快速增长。2011—2015年，老挝经济增长年均增长率超过7%，人均GDP从2011年的319美元到2015年的1970美元。2019年老挝GDP达到了182亿美元；由于疫情影响，2022年该国GDP为157.24亿美元。根据国际货币基金组织（IMF）在其2023年发布的《世界经济展望》预测，老挝2023年和2024年的经济增长率将达到4%。老挝经济的长远前景被看好。[2]

---

① 中华人民共和国外交部 . 老挝国家概况 [EB/OL].[2024–11–20]. http://www.mfa.gov.cn/web/gjhdq_676201/gj_676203/yz_676205/1206_676644/1206x0_676646/.
② 驻老挝人民民主共和国大使馆经济商务处 . 国际货币基金组织称，老挝经济今年预计增长 4%[EB/OL]. [2024–11–20].http://la.mofcom.gov.cn/article/zwjingji/202304/20230403404657.shtml.

第一节　中老经贸合作关系现状

中国与老挝是友好的社会主义邻邦，两国有着良好的政治互信基础，自两国关系正常化以来，中老两国经济联系日益密切。尤其是中国云南省与老挝毗邻，两地之间发展边境贸易优势独特。近些年来，随着老挝革新开放的不断推进，中国不断深化发展与周边国家的"亲诚惠容"关系，中老两国在中国—东盟合作框架、"一带一路"、RCEP 等多种合作机制之下，经贸合作关系不断发展。经贸合作对两国而言，是双赢的选择。特别是，中老经贸合作关系对促进老挝经济的工业化、现代化意义十分重大。具体看来，两国经贸合作关系具有以下特点。

首先，中老经济关系密切，经济合作的形式多种多样。经济关系是中国与老挝关系中重要的组成部分。自两国关系恢复和发展以来，两国之间经贸合作不断深化。目前我国是老挝第二大贸易伙伴和第一大出口国。近些年来，中老两国之间贸易规模呈现大幅增长趋势。从 2000 年至 2021 年的 21 年间，中国对老挝出口额从 3400 万美元增长至 16.69 亿美元，中国对老挝进口额从 600 万美元增长至 26.77 亿美元，中老贸易总额从 4100 万美元增长至 43.45 亿美元，分别增长了约 48 倍、445 倍、

105 倍。① 根据最新统计，2022 年中国与老挝双边贸易额 56.8 亿美元，其中中国对老挝出口额 23.4 亿美元，同比增长 40.9%，进口额 33.4 亿美元，同比增长 24.9%。中国自老挝主要进口铜、木材、农产品等，对老挝主要出口汽车、摩托车、纺织品、钢材、电线电缆、通信设备、电器电子产品等。在相互投资上，中国企业于 20 世纪 90 年代开始赴老投资办厂，中国目前是老挝最大的投资国。中国企业投资领域涉及水电、矿产开发、服务贸易、建材、种植养殖、药品生产等。截至 2022 年 2 月，中国对老挝各类投资累计 132.7 亿美元，主要投资领域包括水电、矿产、农业、房地产、园区开发等。老挝累计对华投资额 5700 万美元。

除传统经贸合作之外，中国政府还在力所能及的范围之内，对老挝提供一系列的援助。援助采取无偿援助、无息贷款或优惠贷款等方式，涉及物资、成套项目援助、人才培训及技术支持等。中国政府积极派遣医疗队为老挝人民提供医疗帮助。中国政府援建了老挝人民军 103 医院，并无偿提供了数千万元人民币的医疗设备。玛霍索综合医院项目一期是中国对老挝援助的具有标志性意义的民生工程项目。项目一期于 2021 年 11 月竣工移交，建设内容包括传染病楼、病房楼、报告厅、新建污水处理站等。二期工程也在紧张的建设之中。② 此外，中国援建工程还涉及老挝的电力、交通基础设施、文化基础设施等各个方面，给老挝人民带来了实实在在的好处，也彰显了中老两国之间深厚的友谊。

---

① 中老铁路带动沿线经济积极向好 [EB/OL].[2024−11−20]. https://www.cnfin.com/yb-lb/detail/20220721/3666297_1.html.

② 王畅临时代办陪同老挝党中央总书记、国家主席通伦视察援老挝玛霍索综合医院 [EB/OL]. [2024−11−20].http://www.mofcom.gov.cn/article/zwjg/zwxw/zwxwyz/202310/20231003445725.shtml.

表 3-1　中国对老挝直接投资情况（2015—2021 年）

年份	2015	2016	2017	2018	2019	2020	2021
投资金额 / 亿美元	5.2	3.3	12.2	12.4	11.5	14.5	12.8

（数据来源：中国商务部、中国统计年鉴）

其次，中老两国比邻而居，经济互补性强，合作的潜力巨大。2021年 12 月开通的中老铁路，是中老双方共建"一带一路"的标志性工程，也是构建人类命运共同体的时代产物。2024 年上半年，中老铁路完成跨境货物运输 278.38 万吨，同比增长 24.81%。云南磨憨口岸国际货物列车单日交接列数也达到创历史新高的六次。[1]2024 年 7 月 19 日，连接泰国和老挝的跨境铁路客运列车正式通行，进一步加强了中老两国间的经济联系，在实现中国铁路系统与东南亚国家铁路系统连接的基础上，成为一条新的区域交通大动脉，为区域互联互通提供重要支撑；为中老两国，乃至中国与东盟整体的经贸合作提供巨大交通便利。当前老挝正处于实现工业化、城镇化、现代化的关键时期，经济发展迅速，对于资金、技术、管理经验等有着巨大的需求；而中国作为区域内最大经济体，制造业体系完备，在资金、技术和管理经验上有着巨大的优势。这是两国经济合作的重要基础。中老两国快速发展的贸易正是两国经济关系互补性的集中体现。从两国的产业结构上来看，中国是一个制造业大国，工业制造能力强，在工业产品的制造，特别是在机械设备、电子产品以及光伏产品等方面拥有着绝对的优势，而老挝作为一个制造业相对薄弱、

---

① 徐鑫雨 . 中老泰铁路跑出互利共赢"加速度"[N]. 光明日报，2024-07-25.

农业相对具有成本优势的国家，在农产品、啤酒、工业原料等供应上具有优势。

两国进出口贸易的结构也体现出两国经济的互补性特征。中国主要从老挝进口农产业、原料型的产品；而对老挝出口的产品则以工业产品为主。有相关分析指出，2017—2019 年间，中国从老挝进口的第一大、第二大商品始终是矿砂、矿渣及矿灰和特殊交易品及未分类商品。始终位于前五的还有橡胶及其制品，始终位于前十的还有铜及其制品、谷物、肥料等。中国与老挝贸易的前五大商品是电机、电气设备及其零件，核反应堆、锅炉、机器、机械器具及其零件，钢铁，钢铁制品，车辆及其零件等。除此外，前十大商品还有特殊交易品及未分类商品，塑料及其制品，纸浆、纸或纸板制品等。[1] 进出口商品的结构总体上体现了两国产业结构的差异。

与中国的贸易中，老挝总体上处于贸易顺差的有利位置，对中国存在着较强的经济依赖，与中国的贸易是该国外汇的来源之一，与该国的经济社会发展、人民生活水平的提高有着较为密切的关系。老挝有着丰富的森林、水能、矿产资源、农业资源，正处于工业化快速发展的初期，对于基础设施建设的需求强劲，而在这方面中国独一无二的优势赋予了两国合作的巨大潜力。而老挝低廉的劳动力成本，是老挝发展制造业的有利条件，也是吸引中国制造企业赴老挝投资的重要原因。[2]

---

[1] 中老铁路带动沿线经济积极向好 [EB/OL]. [2024-11-20].https://www.cnfin.com/yb-lb/detail/20220721/3666297_1.html.

[2] 任珂瑶，钮菊生，艾伦.共建中老命运共同体路径探析 [J].和平与发展，2020（4）.

表 3-2　中国与老挝双边贸易情况（2015—2022 年）

年份	双边贸易额 / 亿美元	增长率
2015	27.8	−23.10%
2016	23.4	−15.70%
2017	30.17	28.60%
2018	34.7	14.90%
2019	39.2	12.90%
2020	35.6	−9.20%
2021	43.5	28.20%
2022	56.8	31.00%

（数据来源：海关总署）

再次，中国与老挝之间的经济合作，主要聚焦于产能合作和基础设施建设领域，中国是推动老挝工业化进程的重要外部助力。老挝经济社会发展水平偏低，基础设施建设短板比较突出。特别是老挝作为一个内陆国，具有发展经济的天然局限性。老挝迫切需要打通与周边国家的交通联系，从而摆脱这一发展的天然劣势。老挝想要实现工业化、现代化，首先要在交通基础设施建设上实现突破，实现与地区国家的互联互通。而要发展制造业，必须具备制造业发展的产业条件：资金和技术。依靠老挝自身则难度很大。"一铁路和一园区"是中国与老挝设施联通的示范性工程。"一铁路"指的是中老铁路，是中国"一带一路"倡议与老挝"'陆锁国'变'陆联国'"战略相对接的具有示范性意义的工程。中老铁路自开通以来，在促进两国经贸合作，推动跨境贸易运输，带动老挝铁路沿线地区脱贫发展方面发挥了作用。"一园区"指的是中国与老挝合建的老挝赛色塔综合开发区。[1]位于老挝首都万象的赛色塔综合开发区，是中国在老挝唯一的国家级境外经贸合作区，也是老挝国家级的经济特区。它是为"一带一路"建设规划的早期收获项目。赛色塔综合开发区对促进老挝工业化进程、提升中老两国经贸合作水平发挥着重要作用。[2]截至2023年3月底，已有来自八个国家和地区的125家企业入驻园区，涵盖仓储物流、新能源、电子产品制造、生物医药、农产品加工、纺织品加工、总部经济、商贸服务、大健康等产业。该国最大的企业——老挝铁路有限公司也坐落于赛色塔综合开发区内。随着RCEP的生效，以及中国—东盟自贸区的政策红利的叠加，越来越多的中国企业将会进入老挝，投资老挝。中老在产能领域和基础设施建设领域的合作的成果，真真实实地体现出来，这对老挝的工业化和现代化进程极为重要，使得老挝人民能够享受合作发展的成果。

最后，RCEP的政策红利释放，使中老经贸合作驶入新的快车道。老挝是联合国认定的最不发达的国家之一，可以享受部分国家对其优惠关税和商品配额优惠等政策。目前，共有42个国家和地区把老挝列为其普惠制的受惠国，给予其商品关税和配额优惠。RCEP生效之后，老挝企业所能得到的优惠政策将进一步升级。这些优惠政策对老挝制造业而言，是一个巨大的机遇。RCEP生效后的关税优惠，也可以使老挝进一步发展拥有高附加值的加工产业，摆脱对初级资源出口的依赖，从而有利于老挝在传统产业方面的现代化升级。中国与老挝具有沿边的优势，发展经贸合作的条件得天独厚。RCEP对于中老两国来说都是巨大的机

---

① 刘盈.中老战略命运共同体：进展、挑战及强化路径[J].亚太安全与海洋研究，2021（2）.
② 打造推动老挝工业化的示范基地（共建"一带一路"·第一现场）[N].人民日报，2023–09–05.

遇，两国都应抓住这有利的机遇，共同推进两国经贸的发展。正如老挝副总理宋赛·西潘敦所言，RCEP 的生效实施，不仅为东盟与中国的经贸创造了新机遇，也有助于中国与老挝双边形成现代、综合、高质量和互惠互利的供应链。

第二节　发展中老经贸合作关系中存在的问题

中国与老挝经济关系密切，两国经贸关系的发展，为两国人民带来了实实在在的利益。两国经贸合作的前景广阔，两国经济的互补性强，政治互信强，沿边优势明显，加上 RCEP 等政策红利的释放，中老经贸合作大有可为。但是迅速发展的两国经贸也隐藏着一些问题和挑战，需要加以重视。两国经贸合作中存在的问题，具体说来可以概括为以下几点。

一、老挝自身的经济基础较为薄弱，经济较为脆弱

老挝作为内陆国中最不发达的国家，经济发展面临诸如国内市场狭窄、营商环境差、基础设施配套不全、劳工质量不高、先进技术与管理经验缺乏等严重问题，其经济发展自身动力不足，且未能形成规模性的优势产业。新冠疫情暴露出了老挝经济脆弱性的一面，新冠疫情期间作为老挝创汇来源之一的旅游业受到了严重的打击。2020 年，老挝旅游业平均收入减少了 70%。2021 年该国外国游客为 0，导致该国 30% 的

旅游业企业倒闭。[①] 疫情期间，该国经济出现的连续负增长则显示了该国经济的脆弱性。以中老铁路为例，中老铁路是作为泛亚铁路的一个组成部分而存在的。泛亚铁路是指从云南昆明出发，连接东南亚国家，一直抵达新加坡的铁路运输线路，它能够打通向南出海口，形成中国西南向印度洋开放的新格局。但是泛亚铁路总体的建设却一波三折。时至今日，泛亚铁路除中老段完成建设外，中泰高铁仍在建设，且遭遇诸多问题。吉隆坡到新加坡的隆新高铁至今仍无重大进展。这对中老铁路运力和效益的发挥形成了一定的制约。新冠疫情以来，老挝的经济较为疲弱，公共债务高企，外债的偿债压力大，面临债务违约的风险。因此中国与老挝的经济合作，特别是基础设施建设合作方面存在着一些不确定的因素，需要予以关注。

二、中老经贸合作面临着巨大的外部压力

中老经贸合作是双赢的，老挝也是"一带一路"倡议的参与国之一。事实证明，合作真正符合两国人民的利益。但是西方部分国家依然奉行冷战思维、带有意识形态偏见，歪曲两国合作，特别是污名化中国与老挝"一带一路"倡议下的经贸合作。他们一方面宣扬中老经济合作存在所谓"债务陷阱"，宣扬中国企图利用"一带一路"合作，特别是中国通过基础设施建设等领域合作，以借款的方式控制其经济，将老挝纳入中国的控制之下。另一方面恶意炒作，甚至捏造一些虚假事件，宣扬中国与老挝的经济合作对自然生态、当地人生存条件和生活方式造成破坏，

---

① 李能斌. 老挝旅游业应对新冠疫情举措与发展前景 [J]. 南亚东南亚研究，2022（6）.

煽动老挝当地民众对中国人的仇恨和与中国合作的猜忌。这甚至造成了中国民众在老挝遭遇数起袭击事件，造成了中国公民的死伤。①

三、发展中老经贸合作迫切需要找到新的增长点

　　总的来说，中老经贸合作发展的主要推动力在中国，中老经贸合作的快速推动和发展与中国政府及中国企业的积极推动有着密切的关系。中老经贸的主要推动者是中国，中国企业是该国最大的境外投资来源。但是，老挝的市场容量受制于其较低的经济发展水平，相对有限。中国对老挝出口的产品相对比较集中。中国产品在老挝的市场占有率已经很高，提升幅度相对有限。而老挝对中国出口产品中，曾经担当出口主角的木材已经受到政府出口政策限制，老挝的其他优势产品如大米、玉米、木薯、咖啡、烟叶等，由于农产品储存条件不足、农业附加值低、物流成本高等因素，难以大批量走进中国市场，这使得老挝对中国出口的潜力未能得到充分挖掘。同时，贸易便利化方面存在原产地证书优惠政策知者少、申办难、跨境运输载重标准不统一等诸多问题，"灰色通关"现象依然存在。这也使得 RCEP 和中国—东盟自由贸易区的诸多政策优惠并没有发挥其应有的效力，制约了中老经贸合作的健康稳定发展。

---

① 刘盈 . 中老战略命运共同体：进展、挑战及强化路径 [J]. 亚太安全与海洋研究，2021（2）.

第三节　RCEP 对发展中老经贸合作关系的影响

RCEP 对地区国家的经济一体化具有重要的推动作用，对所有的参加国而言，它是一个巨大的机遇。RCEP 的生效对于中老两国经济合作而言，是一个重大利好，有助于中老两国经贸联系的巩固；对于老挝的国家发展而言，更是一次难得的机会。

第一，RCEP 有助于扩大中老两国经济合作的内容和范围。

RCEP 所涵盖的范围不仅包括货物贸易，也包括服务贸易。RCEP 的生效为中国与东盟国家之间服务贸易的合作带来了更大的开放机遇。这也为作为东盟成员的老挝找到了新的潜在经济增长点，给了老挝进入 RCEP 成员的交通运输、旅游等服务贸易市场的机会，也有助于老挝的服务业进一步吸引外部投资进入。[①]当前中老铁路已经开通运营，这条铁路线极大改善了老挝的交通状况，改善了交通基础设施滞后对国家经济社会发展的制约。它极大地方便了沿线民众出行、促进了沿线经济发展和脱贫、带动了区域产业提升。随着 2023 年 4 月中老铁路国际旅客列车的正式开通，越来越多的中国游客前往老挝。2023 年 4 月 13 日，

[①] 东盟国家人士：RCEP 打开多边贸易体系之门　焕发新活力 [EB/OL].[2024–11–20].https://m.gmw.cn/2023-06/02/content_1303393063.htm.

中老铁路国际旅客列车首发，昆明到万象朝发夕至，中老旅行实现周末坐着火车出境游。根据相关统计，自 4 月 13 日首列国际旅客列车开通以来，到 11 月 14 日，共运送旅客 34.8 万人次，其中出境旅客超过 8.5 万人次。许多旅行社纷纷开通中老旅游的路线，让中老旅行成为一条热门线路。

第二，RCEP 生效后，随着便利通关、关税减免、原产地规则等红利，以及老挝享受的特殊优惠，老挝对华出口将极大提高。

作为东盟内部最不发达国家的老挝，其开放水平也低于其他多数东盟国家，因此老挝将享受在市场准入等方面的特殊优惠。老挝在市场准入上将享受 13 年的过渡期，以适应贸易自由化的进程。而在 RCEP 框架下，中国对东盟国家保持了双边自贸协定项下的较高市场开放度，农产品自由化水平为 92.8%，此外对东盟新开放了未磨胡椒、椰子汁等个别产品。而对老挝的 960 个税目的农产品维持零关税或立即降零，占农产品税目总数的 65.3%，主要包括鱼类、水果、坚果、饮料、调味品、糕饼点心等；对 404 个税目经 10 年至 20 年降至零，占比 27.4%，主要包括杏仁、精油、茶、果汁等；出于粮食安全、农民生计等考虑对 106 个税目实行例外处理或部分降税，主要包括香蕉、木薯淀粉、咖啡、茶叶等，占比 7.3%。中老铁路的运行，叠加 RCEP 下农产品关税减免、更宽松的原产地规则和高水平的贸易便利化安排，将更好地实现区域设施联通和贸易畅通，为中老农业合作创造新机遇，将会有越来越多的老挝农产品进入中国。[①] 中老贸易将会持续健康发展，造福两国人民。而 RCEP 带来的投资贸易便利化与宽松的原产地规则，不仅会带动中老两

---

① 农业贸易促进中心. 走进 RCEP 成员国：中国—老挝农产品贸易前景如何 [EB/OL]. [2024–11–20]. http://www.mczx.agri.cn/mytp/202205t20220509_7848956.htm.

国的产品贸易，也会吸引更多的中国企业投资老挝的传统农业、工矿业和冶炼行业等，从而将中老两国经贸关系带到一个新的高度。

第三，RCEP的生效有助于老挝经济的发展壮大，有利于其进一步融入地区的经济一体化进程，从而为中老两国经贸关系的持续稳定发展提供更有利的条件。

RCEP的生效，对老挝的经济社会发展意义重大。随着RCEP的生效，区域内国家的经贸联系将会增加，而中老铁路的货运将会持续增长，二者的叠加将有助于降低运输成本，从而减少商品交易成本。作为内陆国的老挝将会随着RCEP带来的区域经济联系的紧密，深度地融入中国与东盟的地区一体化的进程之中。中国与东盟之间的产业链、供应链高度融合，二者都属于亚欧产业链的组成部分。RCEP具有高度的包容性，给予老挝特殊待遇，使老挝能够更好地融入多边贸易体制中，能够与RCEP其他成员共同发展。通过RCEP这扇大门，老挝将迎接多边贸易体系带来的各种机遇，使其能更好地融入中国等其他区域经济体的产业链。这对中老经贸合作关系而言，是一个重大利好，也将把中老经贸合作推上一个新的层次和水平。

第四节　进一步发展中老经贸合作关系的政策建议

在中老关系中，中老经贸合作关系发挥了十分重要的作用。中老经贸合作关系发展迅速，成果明显，取得了良好的经济社会效益。但是要注意到，中老经贸合作关系的发展也存在着一系列的挑战和不利因素。正视问题的存在，从中找寻问题的解决之道，方能推动中老经贸合作关系行得更稳、走得更远。

一、强化外交沟通与协调，制定发展中老经贸合作关系规划

中老是山水相连的社会主义友好邻邦。两国传统友谊源远流长，是休戚与共、牢不可破的命运共同体。两国领导人高度重视双边关系，两国之间的高层交往频繁，为中老关系提供了发展指引。在中老经贸合作的发展历程中，两国政治层面的推动起到了十分重要的作用。为持续推进中老经贸合作关系的发展，中老双方应继续沿着两国领导人所确立的中老关系发展的路线前进。特别是要按照《中国共产党和老挝人民革命党关于构建中老命运共同体行动计划（2024—2028年）》的相关规划，积极构建紧密的中老命运共同体，抓好两国发展战略的对接。将两国关

系发展的宏图付诸实践，打造中老关系的新图景。当前中老之间存在着中老经贸和技术合作委员会、产能与投资合作等机制，还存在着地方合作性质的中国云南—老挝北部合作工作组机制。双方要利用好这些机制切实加强相互政策沟通与经验交流，统筹规划双边经贸合作，确保两国经贸合作关系的健康持续发展。

二、中国企业投资老挝要注重风险防范

中国企业要抓住 RCEP 生效后的政策红利，抓住老挝工业化、现代化发展带来的机遇。但是也要做好风险应对。要强化对老挝当地投资环境的分析、认真学习老挝当地的相关法规规定，做好经营投资的合法性自我审查，对当地的民族宗教情况、社会民俗等做好相关调研，要对老挝当地投资的优惠政策研究做细做实，利用好相关政策红利。由于老挝经济社会发展水平较低，法制建设比较落后，法制不健全、不完善的地方较多。近些年，腐败也成为困扰老挝党和政府的一大难题。因此中国企业在老挝投资需要做好对老挝的全面风险评估，有针对性地作出风险应对和准备。

三、突出中老经贸合作重点，对接两国发展战略

中老两国彼此互为重要的贸易伙伴。老挝是"一带一路"倡议的参加国，当前中老两国正积极推动两国紧密的命运共同体建设，做好"一带一路"倡议与老挝发展战略的对接是中老两国的共识。中老铁路是"一带一路"倡议与老挝"'陆锁国'变'陆联国'"战略对接的典范，它

成功地改变了老挝原本落后的交通面貌，实现了老挝与区域的互联互通，提升了老挝的交通和地缘经济地位。老挝万象赛色塔综合开发区经过十余年的发展，已成为老挝工业化示范区、国际产能合作承载区、中老命运共同体建设先行示范区以及"南南合作"低碳示范区，正在全力打造中国在境外经贸合作区的旗舰园区。中老两国经济互补性强，中国是世界制造业的大国，在资金、技术和管理经验等方面具有优势。而老挝有着丰富的矿产资源、水力资源、农业资源等，目前正处于向工业化迈进的重要阶段。中老两国理应强化在矿产开发、电力建设、交通基础设施建设、现代农业发展等领域的合作，通过两国之间的合作，提升老挝的自主发展能力和工业水平。

四、用好 RCEP 政策红利，促成中老经贸合作大发展

RCEP 囊括了东亚主要的国家，RCEP 的生效将有效地加快区域间货物、资本、技术、服务等的跨境流动，推动地区经济的一体化的进程。RCEP 将有助于中国企业更加积极主动地参与到国际市场的竞争之中，摆脱过去那种按照跨国公司命令被动嵌入全球价值链进行资源配置的局面，助力以国内大循环为主体、国内国际双循环相互促进的新发展格局的发展。[①]RCEP 实质上是一个由东盟主导的高质量、高标准的自贸区，它不仅涵盖货物、投资等，也包含了知识产权、电子商务、政府采购等其他方面，由此形成了区域内更加开放、自由和透明的经贸规则。RCEP 对于东盟国家融入全球价值链和区域生产网络意义重大。RCEP

---

① 孙军 .RCEP 中的中国角色与新发展格局构建 [J]. 学术论坛，2023（2）.

庞大的市场规模、生效后贸易壁垒和投资限制的减少，为东盟国家参与全球和地区的价值链提供了良好的环境。特别是 RCEP 区域累积的原产地规则，将驱使区域内企业更多地将采购转向区域内企业，跨国公司也将建立更精细的全球价值链和产业链的区域分工体系。这将深化东盟与其的联系。[①] 而作为东盟国家中最不发达国家而享受 RCEP 一系列优惠的老挝也将从中受益。因此中老两国企业理应认真研究好 RCEP 的相关规则，利用好政策红利，在 RCEP 下强化中老两国在产业发展上的合作，加强在产业链、供应链领域的合作。把中老经贸合作推向新的历史高度，真正造福两国人民，服务于两国的共同发展，打造两国紧密的命运共同体。

① 王勤，金师波 .RCEP 对东盟经济发展和区域整合的影响 [J]. 亚太经济，2022（2）.

RCEP

第四章

RCEP 框架下中国与柬埔寨经贸合作关系研究

柬埔寨位于中南半岛南部,与越南、泰国和老挝毗邻,南邻泰国湾。湄公河自北向南纵贯全境,自然条件优越。面积约 18 万平方公里。首都金边,2018 年总人口约 1540 万人,其中高棉族占总人口的 80%。华人华侨约 110 万人。①从经济社会发展的总体水平而言,柬埔寨在东盟组织中排位较为落后,但是自内战结束以来,该国发展较为迅速,尤其是近些年来,柬埔寨经济增长进入了"快车道",被认为是亚洲经济表现最为"优秀"的经济体之一。根据该国政府统计,2022 年柬埔寨国内生产总值约 295.97 亿美元,同比增长 5.4%,人均 GDP 为 1785 美元。②根据国际货币基金组织(IMF)2023 年 10 月给出的预测数据,柬埔寨 2024 年经济增长率将达 6.6%。2024 年柬埔寨 GDP 将达到 351.7 亿美元,人均 GDP 将从 2023 年的 1917 美元增至 2071 美元。③经济快速发展,一方面的原因是柬埔寨劳动力成本较为低廉,人口红利得到了释放。大量的制衣等劳动密集型产业从中国等地迁至柬埔寨,并由此带动该国的城镇化快速发展,使之构成该国经济发展的两大重要支柱之一。另一方面的原因是柬埔寨政府积极推动对外开放、奉行自由市场经济,积极融入区域的发展与合作进程,积极吸引外资,发展外向型的出口经济。柬埔寨是 RCEP 的成员之一,RCEP 成员和美国等西方国家是柬埔寨重要的贸易伙伴。融入 RCEP 将有助于柬埔寨显著地提升自身的经济竞争力,

① 中华人民共和国外交部.柬埔寨国家概况 [EB/OL].[2024-11-20].https://www.mfa.gov.cn/web/gjhdq_676201/gj_676203/yz_676205/1206_676572/1206x0_676574/.

② 2022 年柬埔寨宏观经济形势及 2023 年预测 [EB/OL].[2024-11-20].http://cb.mofcom.gov.cn/article/jmxw/202305/20230503409191.shtml.

③ 柬埔寨经济复苏持续巩固 [EB/OL].[2024-11-20].http://www.ce.cn/xwzx/gnsz/gdxw/202311/03/t20231103_38776440.shtml.

增强同中国等国家的经济联系。

表 4-1　柬埔寨经济增长率及经济规模（2018—2022 年）

年份	经济增长率	GDP 总量 / 亿美元
2018	7.5%	245.97
2019	7.1%	268.00
2020	−3.7%	262.12
2021	2.4%	286.43
2022	5.4%	295.97

（数据来源：柬埔寨统计局）

第一节　中柬经贸合作关系现状

中国是柬埔寨最主要的经贸合作伙伴，也是柬埔寨主要的援助国之一。中国与柬埔寨之间有着良好的政治互信，两国历代领导人精心培育的中柬"铁杆"友谊历久弥坚，长期以来，两国相互在涉及对方核心国家利益的重大问题上保持相互支持和理解。2023 年 9 月洪玛奈首相访华期间，两国共同发布了联合声明。声明强调，无论国际风云如何变幻，中柬将坚定不移发展世代友好的关系，坚定不移深化互利合作，坚定不移携手构建高质量、高水平、高标准的新时代中柬命运共同体，为构建人类命运共同体树立典范。[①] 建交以来，两国在政治、经济、人文交流、卫生健康等领域的务实合作不断加深。经济合作是中柬双边关系中重要的组成部分，柬埔寨也是"一带一路"倡议的参与国，中柬双方还于 2020 年正式签订《中华人民共和国政府和柬埔寨王国政府自由贸易协定》。中柬的经贸合作又迈上了新的高度。中柬经贸合作关系具有以下几个特点。

[①] 中华人民共和国政府和柬埔寨王国政府联合公报 [EB/OL]. [2024–11–20].https://www.gov.cn/yaowen/liebiao/202309/content_6904397.htm.

一、中国是柬埔寨最主要的经贸合作伙伴

中国是当前柬埔寨的第一大贸易伙伴，中柬外贸发展十分迅速。根据相关数据统计，中柬贸易发展迅速，中国是柬埔寨最大的单一进口来源国。在中柬贸易中，中国对柬埔寨处于贸易顺差地位，但是中国对柬埔寨的进口额增长十分迅速。当前中国是柬埔寨主要农产品（大米、新鲜香蕉、龙眼等）的出口国。《中华人民共和国政府和柬埔寨王国政府自由贸易协定》以及 RCEP 的生效，对中柬之间的贸易起到了巨大的促进作用。越来越多的柬埔寨农产品获准出口中国。2023 年 5 月，野生水产品成为继胡椒之后柬埔寨当年第二个获准出口到中国的农产品。截至 2023 年 5 月底，柬埔寨的野生虾、野生鱼、野生黄鳝、野生螺等 12 种野生水产品已完成输华程序。[①]中国巨大的市场优势对柬埔寨农产品等具有巨大吸引力，随着 RCEP 的生效，中国市场必将出现越来越多的优质的柬埔寨产品，真正给两国人民带来实惠从而实现双赢。

表 4-2　中柬两国贸易情况（2016—2022 年）

年份	2016	2017	2018	2019	2020	2021	2022
贸易额 / 亿美元	47.6	57.9	73.9	94.3	95.6	136.8	160.2
增长率	7.4%	21.7%	27.6%	27.7%	1.4%	43.1%	17.5%

（数据来源：海关总署）

---

① 更多产品获准输华　推动柬埔寨和中国双边贸易额增长 [EB/OL]. [2024-11-20].https://www.chinanews.com.cn/cj/2023/06-11/10023136.shtml.

二、中柬经济联系紧密，中国成为柬埔寨最大单一外资来源地

当前柬埔寨的工业化和城镇化发展进入加速发展的新阶段，柬埔寨存在着巨大的基础设施建设需求。中国作为全球基础设施建设的"领头羊"，在人才、资金、施工经验、技术等方面具有优势。中国企业承建了柬埔寨许多具有标志性意义的工程建设。例如，柬埔寨暹粒吴哥国际机场由云投集团牵头投资，云南省建设投资控股集团有限公司负责建设，云南航空产业投资集团有限责任公司负责运营，它也是中国企业在海外以"BOT 模式"，即建设—经营—转让模式实施的第一座国际机场。中国企业还承担了柬埔寨高速公路工程等交通基础设施建设，积极与柬埔寨政府商讨双方在高铁和轻轨等方面合作的可能性。中国企业在柬埔寨的民生工程领域也发挥着十分重要的作用，在饮水工程建设、电力工程建设等方面作出了重要贡献。柬埔寨暹粒供水扩建项目正是由国机集团所承建的。解决柬埔寨经济结构问题最关键的是承接外部的产业转移，推动本国经济的转型升级。中国企业在柬埔寨进行了广泛的投资，中柬两国在产能领域进行了卓有成效的合作。华新水泥收购卓雷丁水泥公司、柬埔寨西哈努克港经济特区的建设是两国合作较为典型的案例。[①] 中国与柬埔寨经济联系密切，人文联系紧密。柬埔寨旅游资源十分丰富，具有吴哥窟等众多世界历史文化遗产，也拥有优美的热带自然生态环境。柬埔寨把发展国际旅游业放在十分重要的位置，而中国则是柬埔寨最大的旅客来源国。在 2019 年 660 万名访问柬埔寨的外国游客中，超过三分之一来自中国。而根据柬埔寨方面的估计，2023 年接待约 400 万人

①王文，刘典. 柬埔寨："一带一路"国际合作的新样板——关于柬埔寨经济与未来发展的实地调研报告 [J]. 当代世界，2018（1）.

次的国际游客，其中中国游客达 100 万人次。可以说，中柬两国的经济、文化交流十分密切，二者形成了"你中有我，我中有你"的相互依存的紧密联系。

三、经贸合作关系是发展中柬经济关系的"压舱石"

中柬经济上的密切联系，对两国的发展而言具有重要意义。经贸合作关系在中柬关系中的地位十分重要，扮演着"压舱石"的作用，是两国关系发展的重要基础。在中柬经贸合作中，中国给予了柬埔寨最大程度的支持。中国政府对柬埔寨给予了大量的发展援助，增强其自主发展的能力，捐助主要用在柬埔寨的经济发展、减贫、民生改善和教育等领域。2001 年到 2018 年，中国对柬埔寨提供了 52.76 亿美元的经济社会发展援助，其中 12.21 亿美元为无偿赠款和无息贷款。[①] 在新冠疫情期间，中国政府向柬埔寨提供了多批次的疫苗援助，增强了该国应对危机的能力，从而减小了疫情对于该国经济社会发展的冲击。2016 年开始，中国政府开始了为期三年的"中国—东亚减贫示范合作项目"，项目旨在对老挝、柬埔寨、缅甸三个国家的六个村庄试点，利用中国政府提供的资金和技术支持，借助中国已经成功的"整村推进"减贫经验，因地制宜、因贫施策，为受援国政府及东亚国家消除贫困、改善民生提供示范。四川省扶贫开发局负责柬埔寨的相关减贫示范工作。项目实施以来，改善了示范村村民的生产生活条件，为村民提供了生计来源，增强了村民的谋生能力，给村民带去了希望。更重要的是，这一示范项目帮助当

①杨保筠. 中柬关系与中国—东盟战略伙伴关系的稳定与发展 [J]. 东南亚纵横，2018（6）.

地树立起了脱贫理念，构建起了脱贫管理模式，学习了脱贫发展的方式方法。

表 4-3　中国对柬埔寨直接投资情况（2015—2021 年）

年份	2015	2016	2017	2018	2019	2020	2021
投资金额 /亿美元	4.2	6.3	7.4	7.8	7.5	9.6	4.7

（数据来源：中国商务部）

第二节　发展中柬经贸合作关系中存在的问题

中国政府与柬埔寨政府高度重视推动两国之间的经济贸易合作发展，并提出了有针对性的指导性文件。随着中柬双边自由贸易协定的生效，以及 RCEP 生效后带来的政策红利的叠加，中柬之间的经贸关系正走上发展的"快车道"。两国经贸合作的规模不断扩大，质量不断提升，层次不断提高；但是两国的经贸合作仍然存在一些问题，这些问题需要引起重视。

一、中柬经贸合作关系严重不平衡

当前，中国是柬埔寨最大的贸易伙伴、最大的进口来源地，也是柬埔寨前三大出口市场。但是在中柬贸易中，柬埔寨的贸易赤字巨大。从中国与柬埔寨两国的贸易结构上来看，中国对柬埔寨的需求主要集中于大米、水果等农产品，服装、鞋类、旅游用品、自行车等劳动密集型产品。这与柬埔寨"鱼米之乡"的特点有关，更与该国制造业基础羸弱有密切关系。当前中国对柬埔寨出口的产品则集中于服装原材料、机械、车辆、食品、电子产品和药品等。柬埔寨的主要出口市场是西方国家，尤其是以美国为主要出口对象。中柬贸易与柬埔寨总体贸易逆差的格局大致一致，但是中国是柬埔寨最大的逆差来源。2022年柬埔寨对中国出口18.40亿美元，自中国进口141.80亿美元。而在2018年，两国贸易额则为73.90亿美元，其中中国出口柬埔寨60.10亿美元，自柬埔寨进口13.80亿美元。在四年的时间内，柬埔寨对中国的贸易逆差增长了接近一倍。可以说，中柬之间贸易不平衡的现象在加剧。这与柬埔寨出口导向型的经济结构有关，柬埔寨自身制造业水平较低，工业结构单一，纺织业等原材料需要从中国进口，自身产品竞争力相对不足，这是两国贸易不平衡的重要原因。[①] 如何平衡两国贸易，让更多的柬埔寨民众能够享受到合作的好处，这需要双方的共同努力。

表4-4　柬埔寨与中国贸易情况（2016—2022年）

年份	柬对中出口 / 亿美元	中对柬出口 / 亿美元
2016	8.30	39.30
2017	8.10	46.00
2018	13.80	60.10
2019	12.04	79.85
2020	17.98	80.57
2021	21.00	115.67
2022	18.40	141.80

（数据来源：海关总署）

---

① 宋国华，等.东南亚国家发展政策研究 [M].北京：时事出版社，2020：219–221.

二、柬埔寨内部因素制约中柬经贸合作

近些年来，柬埔寨经济发展迅速，人民生活水平也得到改善，实现了从低收入国家向中低收入国家的进步。但是总体而言，该国治理水平有待提升。发展过程中所积累的矛盾难以得到缓解，各种矛盾不断爆发。这些矛盾给在柬埔寨投资经营的中国企业带来了巨大的挑战，形成了对中柬经贸合作的负面干扰。柬埔寨极大的贫富差距以及转型期不同利益阶层之间的巨大矛盾、差异，使得柬埔寨民众对自身具体权益的保护极为关注。因此在柬埔寨，劳资土地、环保等议题热度很高，问题不断。而中国企业在柬埔寨的投资行业包括能源、矿产、房地产、轻工业等，往往是这些社会矛盾极容易爆发的领域。在柬埔寨当地的环境之下，问题的解决不仅仅依赖当地行政部门的介入，同时也高度依赖大量的本土力量，特别是各种层出不穷的非政府组织。这些非政府组织背景复杂，利益诉求各有不同，具有较强的地方影响力。因此，当出现沟通和处置上的问题时，很容易发酵成各种类型的剧烈冲突，从而带来极大的负面影响。[1] 以劳资关系为例，柬埔寨工会及非政府组织的活动较为频繁，可能会影响各项投资工程项目的劳务用工和正常进度。《柬埔寨劳工法》给予了工人自主组建"劳工工会"与"雇主协会"的权利；法律认可工人和工会有组织罢工的权利，工人的罢工权利受法律保护。根据柬埔寨法律规定，对外国工人的使用有所限制。任何需要相关外籍技术工人和管理人员的企业，需要提前向该国的劳工部提交相关的申请。[2] 因此，中国企业在柬埔寨很容易遭遇各种各样的法律问题，面对极其复杂的局

①顾佳赟. 新时代打造中柬命运共同体的机遇、挑战与建议 [J]. 当代世界，2019（4）.
②朱中华. 赴柬埔寨投资与承包工程的风险分析 [J]. 中国投资，2021（Z5）.

面。根据中国纺织工业联合会 2018 年发布的相关报告，中国企业在柬埔寨的制衣工业部门的投资很大，雇佣了柬埔寨大量的劳工。但是中国企业面临着柬埔寨当地不断上涨的最低工资压力，导致用工成本增长过快。① 土地问题更是中国企业普遍头疼的问题。柬埔寨存在严重的土地混乱问题。许多土地所有权文件在红色高棉时期和随后的战乱中丢失。1979 年后，国家成为所有土地的拥有者，但随着内战后的搬迁与国家重建，存在大量居民占用土地却缺少法律文件认可的问题。为此，柬埔寨政府发放了大量的家庭卡，作为居民拥有土地的非正式认可。该国 2001 年生效的土地法又造成了正式所有权证明和临时占有许可证并存的复杂局面，这导致该国土地问题和纠纷大量存在。柬埔寨大量的居民强占土地的问题，令外来投资者头疼。柬埔寨政府 2010 年颁布新法令，允许为了公共发展项目而征收私人财产。这导致该国经常出现投资驱动强制拆迁的情况。在广大农村地区，农民的土地也经常被"征收"，然后转让给橡胶厂、制衣厂等开发商。这导致土地问题成为该国社会最为严峻的现实问题。中国企业在柬埔寨时常遭遇此类问题，被卷入政府、民间等各方利益冲突的漩涡之中。

三、西方国家对柬埔寨施加经济压力

柬埔寨经济高度依赖对外出口，而美国等西方国家是该国最大的市场。柬埔寨处于东南亚地区的中心位置，紧邻泰国、越南、老挝等国，

---

① 中国纺织工业联合会.中国纺织服装行业的海外投资与企业社会责任（柬埔寨卷）[EB/OL].[2024–11–20].http://www.csc9000.org.cn/d/file/p/2021/05-25/3002413e271e4cc8de8cc370cb5ee259.pdf.

临近暹罗湾，这使得柬埔寨不仅具有重要的地缘政治价值，也具有十分重要的地缘经济价值。柬埔寨自古以来就是地区列强和外部大国争夺的焦点。因此，近些年来美国、日本、欧盟等都缓和了同柬埔寨的关系。当前柬埔寨纺织品等出口主导产品的主要出口地是欧盟等西方发达市场。美国则是柬埔寨最大的出口市场。紧密的经济联系也使得西方国家具有对柬埔寨进行经济施压的能力。柬埔寨关闭与反对党联系密切、在柬埔寨进行非法政治活动的西方国家非政府组织在柬埔寨的分支机构，欧盟等对其采取关税惩罚，欧盟撤销柬埔寨"除武器外一切免税"（EBA）案，取消了对其的关税优惠，这给柬埔寨对欧盟的出口带来了巨大的困难。美国是柬埔寨最大的纺织品和服装的出口市场，美国对柬埔寨十分重要，柬埔寨坚持在中美间不选边站队，这引起美国的不满，美国不仅对中柬密切合作横加指责，还企图利用经济施压迫使柬埔寨疏远中国。西方国家还在柬埔寨散播"中国威胁论"，企图离间中柬人民的情感联系。可以说，中柬经贸合作面临的外部压力越来越大。

第三节　RCEP 对发展中柬经贸合作关系的影响

RCEP 不仅对亚太区域的经贸整合起到巨大的正向作用，对中柬之间的经贸关系发展也具有十分重要的意义。RCEP 释放的一系列政策红利，对中柬双方的商品与服务贸易、产业投资等影响深远，中柬经济关系必将在 RCEP 的推动下迈上一个新的台阶。RCEP 对中柬经贸合作关系的影响主要有以下几个方面。

第一，RCEP 相关政策优惠与中柬自由贸易区政策红利的叠加，推动两国经贸关系快速发展，特别是推动柬埔寨扩大对华出口规模，从而构建更加均衡的中柬贸易。

针对 RCEP 对柬埔寨经济的影响，东盟与东亚经济研究所 2022 年的一项研究报告指出，柬埔寨有巨大的出口潜力。RCEP 实施后，柬埔寨 GDP 增长率有望达到 2% 至 3.8%，出口增长率可达 9.4% 至 18%，每年新增就业岗位数量将增加 3.2% 至 6.2%，税收将增长 2% 至 3.9%，而总体投资或将增长 23.4% 左右。[1] 中国是柬埔寨最大的贸易伙伴，也是柬埔寨第三大的出口市场，是该国出口市场中成长最快的市场之一。

---

[1] 柬埔寨专家：借 RCEP 的"东风"，中柬经贸合作迎来新机遇 [EB/OL]. [2024-11-20]. https://cn.chinadaily.com.cn/a/202306/16/WS648c2286a310dbde06d23d4d.html.

随着 RCEP 的实施，双边减税范围和规模的不断扩大，吸引着越来越多的柬埔寨企业和优质商品进入中国，从而带动双边经贸更好更快地发展，做大做强两国的贸易。在 RCEP 推动下，2023 年前五个月柬埔寨对中国出口贸易额为 5.88 亿美元，同比增长 13.3%。在当今世界经济整体疲软、美欧需求整体下滑的情况下，中国市场对柬埔寨将起着越来越大的作用，中方相继批准多项柬埔寨农产品进口，对促进双边贸易意义重大。①

第二，RCEP 更加稳定、开放、透明、便利的投资环境规范要求，推动中国企业扩大对柬埔寨投资，为柬埔寨的经济社会发展带来更大的动力。

当前中国是柬埔寨最大的外资来源地。根据相关预测，RCEP 的生效将为各成员之间的相互投资提供便利，从而形成区域性的投资高潮。当前中国企业已累计在柬埔寨投资数百亿美元，涉及旅游、农业、工业、银行、基础设施等方方面面，与柬埔寨经济高度融合。②以农业领域为例，柬埔寨是一个农业在经济中占据重要地位的国家，RCEP 生效后，将推动中国市场、资金、技术优势与柬埔寨劳动力、自然条件等优势的结合。特别是中国投资进入柬埔寨农业领域，不仅带来就业机会，也将推动知识和技术转让，这有利于柬埔寨经济价值链向上发展，不仅有助于柬埔寨经济发展，也有利于中国企业全球化的经营与发展。

第三，RCEP 关于知识产权、电子商务、竞争、政府采购等前沿和高水平的议题，将成为推动中柬经济合作新的"增长点"。

中柬经济合作不应仅仅局限于一般意义的货物贸易和投资，而是应

---

① 王涛 . 为深化中柬经贸合作"架桥铺路" [N]. 经济日报，2023-06-26.
② 刘旭 . 遇见 RCEP，柬埔寨借势腾飞 [N]. 国际商报，2021-12-10.

该拓展合作的广度与深度。中柬可以在绿色发展、电子商务等领域开展更多的合作。中柬自贸协定规定对电子交易不征税，RCEP则明确规定在15个成员国之间电子交易不征税。这将极大推动中柬之间电子商务的发展，从而为在中美贸易战和欧盟强化电子商务征管后找寻新机遇的中国国内电商企业提供了新的机遇。RCEP的原产地规则（Rule of Origin）提出成员普遍适用的规则，这将减少区域内的交易成本，从而推动中柬两国从产业链的高度强化彼此的合作。正如一些学者所建议的那样，双方可以"以产业合作开发经贸互补性和打造优势互补的新产业链，以产业合作带动基础设施建设、数字经济、绿色经济、中小企业发展"①。

---

① 中国—柬埔寨共建"一带一路"成果丰硕 [EB/OL]. [2024−11−20].http://yn.people.com.cn/n2/2023/1016/c372459-40604601.html.

第四节　进一步发展中柬经贸合作关系的政策建议

中柬经济合作是两国关系的重要组成部分，是两国关系的"压舱石"。发展中柬经济合作关系也是构建高质量、高水平、高标准的新时代中柬命运共同体，构建人类命运共同体的必然要求。因此要从战略的高度和长期的角度看待中柬经贸合作关系，推动中柬经贸合作关系持续健康发展。

一是，强化两国发展战略对接，把发展合作的成果落地生根。

洪玛奈首相上任后首站访问中国，与中国领导人联合签署《中华人民共和国政府和柬埔寨王国政府关于构建新时代中柬命运共同体行动计划（2024—2028）》，并就实现两国发展战略的对接达成共识。两国政府强调要推动"一带一路"倡议同柬埔寨"五角战略"对接，围绕中柬"钻石六边"合作架构，深化中柬全面战略合作伙伴关系，实现两国高质量、可持续的共同发展。这为中柬双方实现发展战略对接提供了战略性的指引。中柬关系历久弥新，有着坚实的基础和高度的政治互信，这是中柬经济发展的有利条件。而实现发展战略的对接，将极大造福两国人民，让两国人民能享受到合作发展带来的好处，进一步巩固两国的传统友谊。为此，中柬两国需要从长远的角度出发，在做好合作顶层设计的前提下，做好协调机制建设，将合作项目落到实处。为此，两国现阶段要在中柬"钻石六边"合作架构下，共建"工业发展走廊"和"鱼米走廊"，要打造好西哈努克港经济特区等中柬经济合作的样板工程，切实将中柬命运共同体打造成人类命运共同体建设的典范。

二是，利用好中柬自贸协定和 RCEP 的政策红利，挖掘两国经贸合作潜力。

柬方人士普遍认为，RCEP 的生效对于柬方来说是一个重大的政策利好，有助于促进柬埔寨贸易可持续增长，也将使该国成为全球资本的投资洼地。这对于柬埔寨摆脱最不发达状态，实现向高收入国家迈进的长久目标意义重大。面对当今全球疫情和贸易保护主义的抬头，RCEP 有助于缓解疫情对经济的影响，促进地区经济增长。柬埔寨官方人士认为，RCEP 有助于柬埔寨实现市场准入多元化，扩大投资，扩大和深化区域供应链和价值链。在已有的基础上，RCEP 将成为东盟、中柬贸易协定框架现有协定框架的有效补充。[1]RCEP 和中柬自贸协定，对于中柬两国来说都是巨大的机遇，中柬两国在实现发展战略对接的基础上，在共建高质量的"一带一路"的过程中，要利用好其带来的政策红利，特别是带来的便利化、自由化的高水平经贸环境，[2]深度推动二者在产业链、供应链领域的合作和融合。在区域合作中，发挥二者的比较优势，实现共赢。

三是，中国企业积极融入柬埔寨社会，筑牢中柬经济合作社会民意基础。

柬埔寨是东南亚华人华侨的主要聚集地之一，人数超过 100 万。中

---

① 中柬学者云端碰撞　聚焦 RCEP 生效后中柬合作新机遇 [EB/OL].[2024-11-20].http://fta.mofcom.gov.cn/article/chinacambodia/chinacambodiagefangguandian/202205/48423_1.html.

② 武传兵."一带一路"助力中柬命运共同体建设行稳致远 [J]. 当代世界，2023（8）.

文也是柬埔寨的主要使用语言之一，但是柬埔寨的媒介仍以英文和柬文为主。作为在柬埔寨经商的华人和中资企业要注重宣传，特别是在外文媒体的形象宣传上。要宣传中资项目对于柬埔寨社会巨大的社会价值和贡献，尤其是对于中资项目的谣言要及时驳斥，警惕可能造成的不良后果。因此，要尤其重视社交媒体的运用，掌握主动权。[①] 近些年，柬埔寨、缅甸等东南亚地区成为电信网络诈骗、人口买卖等对中国人犯罪的主要发生地，部分中国人在柬埔寨的犯罪对中国人在柬的整体形象造成了巨大破坏，也加剧了在柬华人的生存困境。对于在柬华人而言，需要奉公守法，遵守所在国的法律，维护中国人在柬埔寨的良好形象。另外，也需要中柬两国强化在犯罪问题上的司法警务合作。

四是，扩大人文交流，增进两国人民相互了解。

中柬有着密切的人文交流，在教育、文化、旅游等各方面都有着良好的合作。旅游合作是人文合作的重要部分，对两国经贸合作有着巨大的帮助。2023 年 9 月发布的中柬联合公报，鼓励中柬旅游企业共同打造旅游产品、开发人力资源，相互支持旅游市场推广和机制建设，推动在柬埔寨吴哥古迹王宫遗址保护修复、柏威夏寺及其他文化遗产的保护修复上的合作。[②] 中国对柬埔寨的教育援助对于其教育发展和现代化意义重大。近些年来，中国政府援助柬埔寨修建学校，提供教学设备，帮助培养优质的教师队伍。除此之外，还有大量的中国志愿者活跃在柬埔寨，为柬埔寨的乡村小学等偏远地区的孩子们送去知识。这必将夯实两国经贸合作的人文基础和民意基础，从长远的角度来说，将有助于打牢中柬经济合作的基础，从而推动构建牢固的中柬命运共同体。

① 顾佳赟. 新时代打造中柬命运共同体的机遇、挑战与建议 [J]. 当代世界，2019（4）.

② 中华人民共和国政府和柬埔寨王国政府联合公报 [EB/OL]. [2024–11–20].https://www.gov.cn/yaowen/liebiao/202309/content_6904397.html.

RCEP

第五章

RCEP 框架下中国与缅甸经贸合作关系研究

缅甸联邦共和国，面积约为 67.7 万平方公里，人口约为 5417 万（根据 2022 年数据）。缅甸是东南亚国家中面积较大、人口较多的国家之一。缅甸也是一个多民族的国家，现有 135 个民族，包括缅族、克伦族、掸族、克钦族、钦族、克耶族、孟族和若开族等，缅族约占缅甸人口的 65%。缅甸的官方语言为缅甸语，但各少数民族均有自己的语言，其中克钦族、克伦族、掸族和孟族等民族有文字。缅甸是一个典型的以佛教为主的国家，全国 85% 以上的人信奉佛教。[①] 缅甸是东盟的重要成员，也是中国的重要周边邻国之一，缅甸与中国的云南省接壤。历史上，中国与缅甸保持了文化、经济、政治等方面的紧密联系。中缅作为友好的周边邻国，友谊源远流长。自 1950 年中缅两国建交以来，两国关系虽有过波折，但总体较为稳定。中缅两国分别是和平共处五项原则的首倡者之一，20 世纪 50 年代初，周恩来总理出访缅甸，与缅甸领导人共同提出了这一国际关系重要的基本原则。经贸合作关系作为中缅双边关系的重要组成部分，对两国的发展起着十分重要的作用。

---

① 中华人民共和国外交部 . 缅甸国家概况 [EB/OL]. [2024-11-20]. https://www.mfa.gov.cn/web/gjhdq_676201/gj_676203/yz_676205/1206_676788/1206x0_676790/.

第一节 中缅经贸合作关系现状

根据博鳌亚洲论坛 2020 年发布的《亚洲减贫报告 2020》，在 47 个亚洲国家之中，缅甸被列入亚洲最不发达国家。相较于快速崛起和发展的泰国、越南、印度尼西亚等东南亚新兴国家，缅甸的工业化、城镇化水平较低，发展速度和经济规模都难以与其相提并论。缅甸资源丰富，尤其是玉石、有色金属等资源，油气资源的开发潜力巨大，水力资源充足，发展的自然条件良好，加之劳动力价格低廉和人力资源充足，缅甸发展的潜力巨大。随着近些年缅甸工业化、城镇化的发展，特别是外部投资的进入，缅甸在 2011 年到 2019 年之间，成为亚洲地区经济成长速度最快的国家。亚洲开发银行在 2013 年发布了对缅甸经济的长期展望，这份名为《转型中的缅甸：机遇与挑战》的报告认为，缅甸具有 20 年内维持 7% 到 8% 经济增长的潜力。报告乐观地认为，缅甸有望在 2030 年实现人均国内生产总值增加到 2013 年的三倍（达到 2000—3000 美元），跻身中等收入国家行列。[①]2011—2019 年，缅甸经济增长迅速，

---

① 亚行：2030 年缅甸将成中等收入国家 [EB/OL].[2024-11-20]. https://www.guancha. cn/Neighbors/2012_08_21_92174.shtml.

发展速度高于东盟平均水平，长期维持 6% 以上的增长。随着近些年新冠疫情的影响和打击，尤其是 2021 年缅甸军人发动的军事政变带来的内部动荡和外部制裁，缅甸的发展显得有些乏力。但是总的来说，缅甸的现代化进程仍在继续和发展之中。这也是中缅经贸合作关系继续发展的动力之一。

一、中缅经贸合作关系有着悠久的历史

中缅经贸合作关系发展行之有年。地方性的边境贸易是中缅贸易长久以来就存在的形式。由于地理关系等因素，在中国云南省的瑞丽、南伞等口岸，缅甸的木姐、清水河等口岸，历史上就存在着繁荣的边境贸易。时至今日，在两国这些边贸口岸，边境贸易仍然十分兴盛，中缅的边境贸易提供了缅甸北部地区绝大多数的日用品和消费品，而缅甸北部地区的玉石等矿产也通过边境源源不断地运往中国，从而造福两国边民。中缅两国政府高度重视双边经贸关系发展，早在 1954 年中国政府就与缅甸中央政府达成了关于两国经贸发展的相关协定。中国进入改革开放新时期后，中缅的经贸关系不断增强，经贸合作关系逐渐成为中缅双边关系的"压舱石"。

二、中国是缅甸最主要的对外贸易伙伴

从双边贸易金额的绝对数量上来说，中国长期是缅甸的第一大贸易伙伴，也是第一大进口来源和第一大出口市场。由于缅甸的工业化水平较低，制造业落后，因此从进口结构上来说，其对工业品、日用品等有

着较大需求。特别是随着近些年来，缅甸自身工业化和城镇化的发展，缅甸对机械类产品、电子信息产品的需求日益增大，因此作为世界最大的制造业国家，尤其是作为缅甸的近邻，中国在缅甸不断扩展市场，提供价廉质优的产品。另外，缅甸作为一个自然资源和自然条件十分优越的国家，在矿产品资源、农产品等方面具有竞争优势。中国几十年的发展塑造了庞大的中产阶层，中国的消费者对于缅甸的优质农产品有着巨大的需求；而中国的工业和制造业，对于缅甸的矿产资源，如稀土矿、铜矿、有色金属等，也有着巨大的需求。中国庞大的制造能力与消费能力，给缅甸提供了广阔的市场，也给缅甸的制造业的发展提供了必要的外部条件。

三、中国是缅甸最主要的外部投资来源地

缅甸经济基础较为落后，因此缅甸现代化发展，特别是工业、制造业的兴起发展，高度依赖于外部的资本、技术和管理经验的输入。同时，缅甸的发展也受制于该国落后的基础设施建设，尤其是交通设施和电力供应的不足等相关因素的限制。[①] 但是缅甸本身具有丰富的自然资源和矿产资源、充足的廉价劳动力等有利因素，同时缅甸是"一带一路"倡议的参与国之一，也是"一带一路"倡议中"中缅孟印经济走廊"的重要组成部分，本身具有十分重要的地位和作用。中国作为世界上最大的制造业国家，拥有世界上最为完整的工业体系，特别是在基础设施建设和相关技术、管理经验的输出、在资金等方面具有优势。当前中国的

---

① 鹿铖. 共建"一带一路"为中缅经济合作注入新动力 [N]. 光明日报，2019-04-29.

制造业正在转型升级，缅甸因为地理上的毗邻关系，也成了选项之一。因此中缅之间具有巨大的产业合作空间。根据相关统计，中国当前是缅甸最主要的外资来源地。根据中国商务部的信息，截至 2023 年 9 月，缅甸共批准中国企业对缅甸投资 218.73 亿美元，占缅甸吸收外资总额的 23.5%。[①]中国企业在缅甸的投资主要集中于制造业和基础设施建设。中国对缅甸大量的基础设施投资，成果很多，极大改善了缅甸落后的基础设施水平，促进了当地的发展。其中比较典型的就有中缅两国合作建设的中缅油气管道项目。该项目将缅甸西部港口的天然气以管道的形式运往中国。作为共建"一带一路"先导示范项目和样板工程，中缅油气管道项目目前每年可输送天然气约 60 亿立方米，输送原油超过 1000 万吨，有力推动了缅甸油气产业建设，提升了缅甸工业和电气化水平，促进了管道沿线地区经济社会发展，改善了当地民生。[②]

表 5-1　中国对缅甸直接投资存量情况（2014—2022 年）

年份	2014	2016	2016	2017	2018	2019	2020	2021	2022
投资额 /亿美元	39.26	42.59	46.20	55.25	46.80	41.34	38.09	39.88	39.73

---

① 截至 2023 年 9 月缅甸共批准中国对缅投资 218.73 亿美元 [EB/OL].[2024–11–20]. http://mm.mofcom.gov.cn/article/jmxw/202310/20231003446075.shtml.

② 孙广勇."共建一带一路必将给缅中人民带来更大福祉" [N]. 人民日报，2020–06–05.

第二节　发展中缅经贸合作关系中存在的问题

中缅经贸合作历史悠久，成长迅速，具有互惠互利、优势互补的特质。因此，两国的经贸合作关系，在两国关系中具有十分重要的地位，尤其对缅甸的经济社会发展具有十分重大的意义。因此，持续推动中缅双方在"一带一路"倡议、"区域全面经济伙伴关系"、中国—东盟自由贸易区等平台机制下的合作十分重要。但是，也应该看到，中缅双边经贸合作也存在着一些现实的问题，这些问题的存在影响了中缅经贸合作关系的持续稳定健康发展，甚至在一定程度上，对中缅关系的整体也构成了挑战。因此，有必要正视问题的存在，并积极找寻应对之策，从而推动中缅经贸合作关系行稳致远，真正造福两国人民。

一、双边贸易存在不平衡的问题

在中缅贸易中，中国对缅甸的出口远远超过进口，两国双边贸易存在不平衡的问题。从根本上来说，这是中缅各自的经济结构、发展层次所造成的。由于缅甸自身的国内政治动荡、基础设施水平落后、政府治理能力不足等多重因素制约，时至今日缅甸仍是一个不发达的农业国，制造业水平低，难以制造出满足自身需求的工业品和日用消费品。

从工业化水平来说，缅甸仍然处于工业化发展的过程之中。2016年社科院工经所发布的《工业化蓝皮书："一带一路"沿线国家工业化进程报告》中，将缅甸的工业化阶段界定为前工业化的阶段。[①] 近些年，缅甸的工业化虽然有所推进和发展，但是总体而言，仍处在较低水平。由于新冠疫情的影响和缅甸国内政治的动荡，近些年来缅甸的制造业还受到了巨大的打击。

因此，缅甸主要出口商品集中于农产品、矿产品等初级产品。根据"缅甸之声"的报道，2023—2024年，缅甸主要出口产品有大米、豆类、玉米、橡胶、咖啡、腰果、棉花、木薯、水果等农产品以及鱼、虾、蟹、鳝鱼等水产品。制造业出口产品有木材加工品、成衣、白糖等。出口市场遍及泰国、中国、日本、印度、美国。[②] 2022年我国出口缅甸的优势商品主要集中在钢铁类、电机、机械器具、针织编织物、化学纤维、塑料、矿物燃料、陶瓷等类别。这不可避免地反映在两国贸易的数据上，其带来了巨大的贸易差额。但是巨大的贸易差额并不可持续，缅甸出于保护本国相关产业的目的，会人为设置一些贸易保护措施。因此，巨大的贸易差额很容易刺激起缅甸的保护主义。尤其是随着缅甸工业化的发展，在相关产业的建立和成长过程中，贸易差额可能会对中缅双边贸易造成一定的冲击。

---

① 丁栋.一带一路产能合作　中国应推动新雁阵模式 [EB/OL].[2024−11−20]. https://www.chinanews.com.cn/cj/2016/01-21/7726942.shtml.

② 缅甸本财年出口贸易额已近 100 亿美元 [EB/OL]. [2024−11−20].http://mm.mofcom.gov.cn/article/jmxw/202312/20231203459832.shtml.

表 5-2 中缅贸易的基本情况（2013—2022 年）

年份	中对缅进口 / 亿美元	中对缅出口 / 亿美元	中对缅贸易顺差 / 亿美元
2013	28.6	73.4	44.8
2014	156.0	93.7	−62.3
2015	54.5	96.5	42.0
2016	41.0	81.9	40.9
2017	45.3	89.5	44.2
2018	46.8	105.5	58.7
2019	63.9	123.1	59.2
2020	63.5	125.5	62.0
2021	81.2	105.2	24.0
2022	114.9	132.9	18.0

（数据来源：2014—2023 年中国统计年鉴）

二、缅甸国内政治的分裂带来的潜在影响

美国政治学家塞缪尔·P. 亨廷顿曾指出，落后国家向现代化迈进的过程中，族群矛盾比贫困更有可能引发暴力和动乱。[1]从国家能力的现实角度来看，今天的缅甸中央政府并不能实现对全国实质性的控制和管理，所能发挥的政治影响受到了极大的制约。缅甸正是一个面临复杂族际关系的国家。作为一个多民族的国家，缅甸的民族构成和成分十分复杂，民族的支系也十分庞杂，在这种情况下，很容易产生各种民族间的

---

①［美］塞缪尔·P. 亨廷顿. 变化社会中的政治秩序 [M]. 王冠华，刘为，等译. 上海：上海人民出版社，2008：30-33.

矛盾，进而对缅甸国内政治产生政治分裂的破坏作用。[①]当前缅甸国内存在境内民族的矛盾（体现为缅族与各少数民族的矛盾）、军方与"亲民主派"的矛盾这两类主要矛盾。就民族矛盾来说，当前，缅甸民族矛盾尖锐，并由此产生缅甸政府和少数民族政治势力之间的激烈对立和冲突。缅甸境内各民族，尤其是缅北地区，纷纷拥兵自重，导致缅甸国内存在大大小小几十支割据一方的"民地武"势力。另外，2021 年缅甸军事政变后，"亲民主派"力量与军方之间的彻底决裂，引发了缅甸国内的政治和社会动荡。缅甸国内局势的支离破碎，给中缅经贸合作带来了巨大的不确定性，将其置于风险之中。事实上，缅甸中央政府与各种势力之间错综复杂的矛盾和冲突给中缅的经贸合作带来了巨大的影响，中缅很多经贸合作因其而停顿。

三、西方外部势力的介入和干涉

中缅经贸合作本质上是互利共赢的，是真正有利于促进两国共同发展和提升两国人民福祉的。中缅经贸合作本是正常行为，但是却常常遭到西方国家的横加指责和干涉。西方国家怀抱着一种"殖民主义"的心态，戴着"有色眼镜"来看待中缅之间的合作，经常借缅甸国内的某些政治势力之手，背后怂恿破坏中缅的经济合作。以中缅油气管道项目为例，这本是一个正常的商业互利行为，但是西方国家却联合缅甸国内的所谓当时的"反对派"力量，罔顾这一工程给缅甸当地发展带来的好处，以及工程本身的高质量、高标准，干扰和阻止这一管道的建设和施工。

---

① 钟贵峰 . 缅甸民族国家建设中的族际关系治理研究 [M]. 北京：中国社会科学出版社，2017：68-74.

类似的还有中国万宝矿产在缅甸莱比塘铜矿项目。这一项目是中国与缅甸矿业合作的重大典范工程，却在建设过程中遭遇巨大的阻挠。缅甸一些团体在境外势力的煽动下，阻挠工程的开展，带来了极为负面的舆论影响。西方国家及非政府组织往往与缅甸当地的部分势力相勾结，打着环保、文化等旗号，对中国在缅甸正常的投资和经营加以污蔑，污名化中国企业在缅甸的社会形象，挑起缅甸社会对中国的不满情绪，从而阻挠中缅经贸合作的进一步发展。

四、缅甸国内社会治安问题

由于缅甸政府的管控能力薄弱，在缅北地区和泰缅边境地区，存在针对中国人的有组织电信诈骗等违法犯罪活动。这些犯罪活动的存在不仅带来了严重的财产损失，而且带来人口的非法买卖、非法禁锢等其他犯罪问题，也对缅甸的国家形象产生了负面的影响。同样，缅甸社会也存在诸如腐败、法制不健全、相关制度不完善等问题，这些问题的存在影响了缅甸的营商环境，也给中国企业在缅投资带来诸多的风险和问题。这都影响了中国企业进军缅甸市场的决策和判断，阻碍了中缅经贸合作关系的进一步发展，需要引起重视。

第三节 RCEP 对发展中缅经贸合作关系的影响

RCEP 的全面生效，将对中缅两国的经贸合作起到巨大的推动作用。RCEP 不仅有利于中缅两国消除双边贸易的各种障碍，也给了两国新的发展机遇，有利于两国早日走出当前全球经济低迷的阴霾。RCEP 的相关便利化措施、原产地规则等，对于中国企业进军缅甸市场，对于缅甸吸引中国的部分相关制造业的外迁，都有极大的吸引力。

一、为发展中缅两国经贸合作注入新动能

当前中国是缅甸的最大贸易伙伴，也是缅甸最主要的外部投资来源地。当前中缅两国经贸关系热络，相互往来频繁。2002 年和 2004 年，缅甸和中国分别达成了《中国—东盟全面经济合作框架协议》和《东盟—中国货物贸易协议》。在东盟—中国合作框架下，缅甸更进一步在 2018 年取消了关税细目中的 85.8% 项目的关税，中国自 2012 年起也取消了 94.4% 项目的关税。RCEP 的生效，有助于两国在现有的自由贸易协定（FTA）之外，扩大更多的市场准入和获取更大利益。[①]RCEP生效后，

①张梅，周佳.RCEP 扩充缅中合作新内涵——专访缅甸驻华大使苗丹佩 [J]. 中国投资（中英文），2021（Z1）.

中缅之间的贸易和投资便利化程度将进一步提升，相互之间关税减免的品类必将不断增加，越来越多的以农产品为代表的缅甸优质产品等也将不断获准进入中国市场。RCEP 给缅甸链上了中国这一全球最大的国内市场的巨大需求，有助于缅甸扩大对中国的出口规模，从而缓解双边贸易的不平衡状况，促进中缅两国贸易的持续健康发展。自 RCEP 全面生效以来，玉米等缅甸农产品获准进入中国市场。此外，RCEP 也有利于中国企业在缅甸市场的发展。根据相关的协议，缅甸对中国的大米、中药、树胶、油、酒、饲料油渣、化学品、塑料及其制品、木制品、石棉制品、汽车、摩托车等商品在中国—东盟自贸区的基础上有新增承诺，这有助于中国相关企业进一步开拓缅甸市场。中国对缅甸等东盟国家的菠萝罐头、菠萝汁、椰子汁、胡椒、柴油等、部分化工品、纸制品、柴油发动机、车辆照明及信号装置、车窗升降器等产品也在中国—东盟自贸区的基础上进一步降税，同样有利于中国企业扩大自缅甸的相关产品进口。RCEP 有助于增加中缅之间的经贸往来，促进缅甸对华的出口，更好平衡中缅两国贸易，全面提升两国经贸合作的规模和水准，从而为中缅两国的经贸发展注入新的动力。

二、扩大中国企业在缅投资，促进缅甸工业化进程

近年来，中国企业在缅甸的投资逐渐增加，涵盖水电、油气管道、光伏发电、农业、纺织等多领域。中国企业在缅甸投资兴业，对于促进缅甸当地的经济社会发展意义重大。当前缅甸正处于工业化的进程之中，制造业水平低，也迫切需要来自外部的资金、技术和先进管理经验的帮助。当前中国制造业正处于转型升级的阶段，在国内外多重因素的叠加

之下，中国企业"走出去"的步伐明显加快，企业国际化程度不断提升。中国企业在缅投资兴业较为普遍，缅甸的劳动力成本优势、丰富的矿产资源和自然条件等吸引了中国企业的投资。RCEP 的签署将进一步加强中国与缅甸之间的经济联系，为两国之间的投资提供更加稳定和可预测的环境。RCEP 带来的政策优势，将会强化缅甸对于中国部分产业的吸引力，从而进一步提升对缅甸的投资，带动缅甸的工业化进程，进一步提升两国经贸合作层次。近些年来，中缅两国在产业上的合作也不断得以强化。例如，云南省立足于与缅甸临边的口岸优势，在畹町口岸附近，设立了中缅（国际）农商产业园。园区依托境内外"两种资源、两个市场"，着力打造"两基地一中心"，即进口农副产品加工基地、出口工业品加工基地、仓储物流交易中心。将自缅甸进口的农产品在口岸加工，然后再发往其他各地。①

　　缅甸在工业化进程中，对于能源和基础设施建设的需求强劲，中国在基础设施建设领域和能源技术领域保持着领先的地位，二者合作互补性较强。近些年来，中国企业在缅甸的基础设施建设和能源设施建设领域起到了巨大的作用。中交集团承担了仰光新城的相关建设工程，负责为仰光新城建设现代化的基础设施，助力其打造成为安全、智能和清洁的城市。中国企业也积极投入缅甸的电力能源项目中，帮助缅甸解决工业化进程中所遭遇到的能源瓶颈。一大批由中国企业承建助力缅甸改变缺电状况的发电和输电项目正在加紧实施，并陆续投产，极大改善了缅甸的电力短缺的局面，助力缅甸实现 2030 年全国通电的目标。由中国国家电网公司承建的缅甸北克钦邦与 230 千伏主干网连通工程，将缅北

---

① 中缅（国际）农商产业园打通对外产业合作新通道 [EB/OL]. [2024-11-20]. http://www.yn.xinhuanet.com/20231020/79f21aa796e24386ae92b7a21bd94f62/c.html.

丰富的水电输送至南部用电负荷中心，满足了沿线缅甸人民和工商业用电的需求。

三、推动中国云南等边境省份与缅甸经贸合作提质增效

云南省与缅甸接壤，双方边境线长达 1997 公里，现有陆路口岸 11 个，缅甸已经连续多年成为云南最大的对外贸易伙伴。中缅边境经济合作区项目就布局在云南省与缅甸的边境地带。当前在云南与缅甸交界地带，中缅瑞丽—木姐边境经济合作区、临沧边境经济合作区、中国猴桥—缅甸甘拜地跨境经济合作区、保山市腾冲边境经济合作区等园区都已设立并进入到快速发展的新阶段。RCEP 带来的贸易投资便利化和关税优惠等，为中国云南省与缅甸的经贸合作带来了利好。云南省可以利用与缅甸临边的"近水楼台"的地缘优势，当好中国面向西南开放的"桥头堡"。作为中国仅有的两个与东盟国家山水相连的省区之一，建设我国面向南亚、东南亚的辐射中心，是云南省的历史使命和政治责任。云南省要充分利用沿边的地缘优势和 RCEP 带来的发展机遇，全力推进与缅甸等周边东盟国家的基础设施"硬联通"，为建设我国面向南亚、东南亚辐射中心提供强有力支撑。要利用好中国（云南）自由贸易试验区的政策优势，对接好 RCEP，加快形成国际经济竞争合作新优势。[①]发挥现有合作机制和 RCEP 的政策红利叠加，随着双方共同推动交通基础设施联通、口岸（通道）建设开放、推动瑞丽—木姐边境经济合作建设，加强金融合作，滇缅经贸合作必将迈上一个新的台阶。

---

① 韩成圆，刘子语 . 构筑对外开放新高地 [N]. 云南日报，2022-01-12.

第四节　进一步发展中缅经贸合作关系的政策建议

RCEP 对于提升中缅经贸合作的规模、平衡两国贸易的结构、开拓双方市场等方面具有重大意义。为进一步释放 RCEP 带来的政策红利、推动中国企业扩大对缅甸投资、提升缅甸的工业化，进而提升两国产业合作的水平，笔者提出以下几条政策建议。

一、开展中缅多层次政策沟通和协调

中缅经贸合作关系的发展离不开两国政治层面的推动。但是，缅甸国家的复杂性在于，缅甸缺乏强有力的国家整合，国内政治纷繁复杂，各种势力犬牙交错，属于"碎片化"的国家。缅甸中央政府、反对派和地方"民地武"、不同族群和宗教，彼此之间的关系极其复杂。缅甸作为中国重要的周边邻国，是中国山水相连的"胞波兄弟"。缅甸是"一带一路"倡议的参与国，打造中缅命运共同体是两国领导层的一致共识。今天的中缅合作以经济发展和民生为目标，以基础设施建设为重点，兼顾政治、外交、社会和安全领域。①经贸合作是中缅关系的"压舱石"和"推进器"。发展互惠互利的中缅经贸合作关系，拓展双方共同利益的基础，是促进中缅友好关系发展，推动两国命运共同体建设的必然。因此，中缅双方需要强化各层次、各领域、各方面的沟通，做好各种规划。要落实好中缅两国所确立的中缅命运共同体建设的目标，全面深化两国务实层面的交流，中缅要以"一带一路"为载体，进行产业对接，以基础设施建设为龙头做到互联互通，让两国确立的经贸合作发展战略能够开花结果、落地生根。②此外，我们也要考虑到缅甸复杂的现实，要做好各个层面的利益平衡和风险因素的考量，做好风险预警和处置预案，防止密松水电站工程中断等类似的现象的再次发生。

二、共同营造中缅良好的营商环境

为促进中缅经贸合作关系的发展，中缅应共同打造良好的投资营商环境。首先，双边可以加强贸易便利化措施，简化贸易手续，降低贸易壁垒，提高贸易效率。其次，可以加强双边投资合作，鼓励中国企业在缅甸设立生产基地，促进产业转移和技术转让。同时，还可以加强金融合作，推动人民币与缅甸货币的直接交易，提升双方贸易结算的便利性。此外，中缅双方需要共同努力，共同打击存在于缅甸的有组织犯罪活动，尤其是存在于缅北地区和泰缅边境的对中国人的诈骗、人口贩卖、跨国赌博等犯罪行为。

---

①祝湘辉，范宏伟.中缅关系 70 年："胞波"关系的新陈代谢 [J].南洋问题研究，2020（1）.
②丁工."一带一路"推动中缅"胞波"持续升温 [J].经济导刊，2020（Z1）.

三、进一步建立中缅经贸合作的机制与平台

中国与缅甸的经贸合作关系具有广阔的前景，而 RCEP 的全面生效，又为中缅经贸合作添上了利好。为了进一步加强中缅经贸合作，中缅双方需要用好 RCEP 的相关政策红利，要对接好 RCEP，在此基础上建立更加有效的机制与平台。在强化两国政治层面的沟通和协调的同时，也需要加强中缅企业间的合作机制与平台，促进双方企业之间的合作与交流。加强中缅企业间的合作联盟，通过联合组织商务考察、展览会等活动，促进双方企业之间的合作与交流。这样的机制与平台可以为中缅企业提供更多的合作机会，推动双方经贸合作的深入发展。此外，可以加强中缅人民间的合作机制与平台建设。建立中缅人文交流机制，通过举办文化艺术节、学术研讨会等活动，促进双方人民之间的交流与合作。尤其是建立中缅青年交流机制，通过组织青年交流团、青年创业大赛等活动，促进双方青年之间的交流与合作。这样的机制与平台可以增进中缅人民之间的了解与友谊，为经贸合作提供更加坚实的基础。

四、强化在缅中国企业的社会责任，树立良好社会形象

中国企业不断在缅甸落地生根，对缅甸经济社会的发展起到了十分重要的推动作用，但是也应该看到：外部势力给中缅正常经贸合作带来了一些舆论上的负面影响。这需要引起中国政府和在缅中国企业的高度重视。值得肯定的是，近些年中国企业在缅甸投资尤为注重在缅甸的社会责任的履行，中国政府也向缅甸提供了大量的发展援助。中国企业在

缅甸也赢得了良好的声誉和口碑。中国企业在缅活动尤其要注意社会责任的履行，树立良好的社会形象。这一过程需要实践，也需要宣传，要注重在缅甸社会中的形象营销，做好解释和宣传，主动化解缅甸社会的舆论风波。

RCEP

第六章

RCEP 框架下中国与泰国经贸合作关系研究

泰国，面积约为 51.3 万平方公里，现有人口 6790 万。全国共有 30 多个民族。泰族为主要民族，占人口的 40%，国语为泰语。90% 以上的民众信仰佛教，其余分别信奉伊斯兰教、基督教、天主教、印度教和锡克教。[1]泰国的地理位置十分重要，地处中南半岛中南部，地跨印度洋和太平洋，东南临近太平洋的泰国湾，西南临近印度洋的安达曼海。泰国是东盟的创始成员国之一，也是有着重要地区政治和经济影响的国家之一。中国与泰国有着悠久的文明交流历史，有着友好和密切的联系。1975 年，中华人民共和国政府与泰国正式建立了外交关系，两国的交流合作自此进入一个新的历史时期。而经贸合作关系作为中泰两国关系的重要组成部分，近些年发展迅速，两国经贸合作的规模和层次都不断地提升。中国已经成为泰国最为重要的贸易伙伴之一，作为 RCEP 成员的中泰两国，随着 RCEP 的全面生效，两国经贸合作关系的发展又获得了新的动能。[2]

①常士闇，等．东南亚国家政治发展研究 [M]．天津：天津人民出版社，2023：74．
②中华人民共和国外交部．泰国国家概况 [EB/OL]．[2024−11−20].https://www.mfa.gov.cn/web/gjhdq_676201/gj_676203/yz_676205/1206_676932/1206x0_676934/．

第一节　中泰经贸合作关系现状

　　泰国是东南亚地区的经济和人口大国，也是中国在东盟地区重要的经贸合作伙伴。两国之间经济和人文交流密切，联系紧密。泰国存在十分庞大的华人华侨群体，而这一群体在泰国经济之中发挥着十分重要的作用，成为联系中泰两国经贸合作的重要纽带。当前中泰经贸合作规模体量较大，发展迅速，合作层次不断提升。具体地看，中泰经贸合作具备以下几个特点。

一、中泰两国经贸合作基础好、领域广

　　当前中国与泰国之间的经贸合作已经形成了"多层次、多渠道、全方位的合作格局"。中国与泰国在中国—东盟经贸合作机制、RCEP 和"一带一路"平台下，进行了广泛和深入的经贸合作，合作成果显著。中泰在基础设施、产业投资、数字经济、农业、电商等方面进行了卓有成效的合作，"一家亲"的理念深入人心。①2022 年，在中国与东盟国

---

①吴力.机遇迭至　中泰经贸合作乘势而上 [N].国际商报，2022-06-17.

家的外贸金额计算中，泰国排位靠前，位居越南、马来西亚、印度尼西亚之后，位列第四位。中泰双边贸易额仅比第三位的印度尼西亚少 150多亿美元。中泰之间的经贸关系不仅包含双边传统货物贸易，也包括旅游交流和相互投资。中国长期跃居泰国最大的游客来源地行列，为泰国的旅游和服务业发展带来了巨大帮助，也带动了泰国的就业和社会民生的改善。2023 年中国游客赴泰国旅游尚未恢复到疫情之前的正常水平，但仍然高达 350 万人次，仅次于马来西亚的 456 万人次，位居次席。[①]2024年在中泰关系史上具有重要意义，2024 年 3 月中泰两国正式进入"免签时代"。这不仅深化了中泰传统友好关系，也为两国人员和经贸往来提供了极大的便利。此外，中国与泰国之间还在产业领域进行了广泛和深入的合作。当前泰国的"东部经济走廊"战略正与中国"一带一路"倡议对接，以泰中罗勇工业园为代表的一大批项目在泰国落地生根。来

（单位：亿美元）

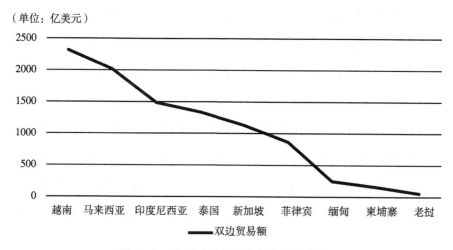

图 6-1　2022 年中国与东盟各国外贸额

（数据来源：中国统计年鉴 2023）

---

① 泰国 2023 全年游客突破 2800 万人　中国游客达 350 万 [EB/OL].[2024-11-20].https://m.chinanews.com/wap/detail/chs/zw/hm6594c74785dd434318828b2d.shtml.

自中国的投资、贸易和技术促进了泰国经济发展，也为泰国经济发展注入了新活力。[①]

二、中泰经贸合作交互性强

作为东盟中经济发展水平相对靠前的泰国，拥有相对雄厚的资本。根据商务部的统计，2022 年，中国企业对泰直接投资流量为 12.7 亿美元，泰国企业在华投资 0.7 亿美元。[②] 自中国 20 世纪的改革开放以来，泰国企业在中国进行了一系列的投资，很多泰国品牌在中国甚至广为人知，成为一代人的记忆。作为泰国最大的实业集团——正大集团在中国广泛布局。旗下的相关产业也在中国具有较大影响。在零售领域，其旗下的卜蜂莲花是最早一批进入中国零售市场的外国商超。原名易初爱莲的卜蜂莲花早在 1996 年就进入中国市场，一度在中国的大中城市广开门店。而今天，泰国正大集团在中国的商业地产领域仍有重要的影响力，在福州、合肥、上海等中国大中城市中，正大广场作为城市中具有重要指向意义的商业地产，吸引着大量的人购物消费。而作为中国人耳熟能详的功能性饮料"红牛"，生产和品牌使用方是总部位于泰国的天丝集团。天丝集团较早就在中国投资设厂，建立专门的生产线。2023 年天丝集团决定在中国增资 10 亿美元，建立新的生产工厂和生产线。[③] 而近些年，中国企业也纷纷进军东南亚市场。作为东南亚市场重要的组成部分——

---

① 张矜若，孙广勇 . 中泰经贸合作迎来新的机遇期 [N]. 人民日报，2024-01-18.

②2022 年中国—泰国经贸合作简况 [EB/OL].[2024-11-20]. http://www.mofcom.gov.cn/article/tongjiziliao/sjtj/yzzggb/202312/20231203463467.shtml.

③ 曲颂，杨迅，陈尚文，白紫微 . 在华投资的信心和决心更加坚定 [N]. 人民日报，2023-03-28.

泰国市场受到了中国企业的高度重视。在泰投资兴业的中国企业如雨后春笋一般，较为典型的是已经成长起来的、具有世界级竞争力的中国电动汽车制造及其配套相关企业。2023 年中国电动车在泰国掀起了一阵热潮，中国车企在泰国相关新能源汽车的展会上收获颇丰。不仅中国电动车生产企业在泰国设厂，相关配套的电池生产厂等也相继落户泰国，带动泰国建立起较为完整的电动车产业链，助力泰国成为东盟范围内领先的新能源汽车市场。

三、中泰经贸合作潜力大

当前中泰经贸关系发展迅速，两国的相互依存度不断提高。两国无论是在农业、旅游、双边贸易、产业合作、相互投资等方面，都有着广泛深入的合作，取得了一系列的成果。但是，中泰经贸关系合作的潜力仍有待挖掘，并没有得到完全的释放。因此有必要挖掘两国经贸合作的潜在增长点，扩大两国在经贸领域的共同利益，从而推动中泰经贸关系迈上新的更高层次。当前世界已经进入低碳经济时代，中泰在绿色经济发展和可持续发展战略的对接上合作空间巨大。生物—循环—绿色（BCG）经济模式已经被纳入了泰国的国家发展理念。泰国拥有丰富的生物多样性和丰饶的农产品，BCG 经济模式有利于发挥这些优势，充分利用资源，从而实现原材料安全及生态环境平衡。泰国投资促进委员会则是将循环经济发展作为具有发展潜力、有利于推动泰国经济发展的十大产业之一。[1]中泰两国在绿色低碳、节能环保的领域合作前景广泛。

---

① 章佳 .RCEP 生效后，中泰经贸享多重红利 [J]. 中国对外贸易，2022（5）.

近年来，中国和泰国在风力发电、光伏发电等可再生能源领域的合作取得了丰硕成果。在清洁能源应用等领域，中国具有很强的技术优势和雄厚的资金支持。而泰国政府为缓解电力短缺和能源绿色转型出台了多项利好政策，将吸引外资作为发展可再生能源的重要方向。两国可以发挥各自的优势，在可持续绿色清洁技术领域深化合作，共同推动两国的绿色发展。[①] 此外，泰国作为中国最大的农产品进口国，也是一个农业大国，在农产品上具有相当竞争力。当前，国内预制菜市场火热，以预制菜为例，泰国优质的水果、蔬菜、海产品等都可加工成快速烹饪的预制菜，双方在这些方面有很大的合作潜力，这都有待共同开发。中泰两国相关部门要落实两国领导人联合公报中所提及的相关要求，要充分发掘合作潜力，将两国经贸合作迈向新的历史高度。

---

① 王思成 . 中泰绿色科技合作前景可期 [N]. 光明日报，2023-11-15.

第二节　发展中泰经贸合作关系中存在的问题

中泰经贸合作对中泰两国乃至区域经济的整合发展，都具有十分重要的意义。因此，需要从战略高度加以重视，特别是需要正视中泰经贸合作中存在的一系列问题，因症施策，从而推动两国经贸关系持续稳定健康发展，真正造福两国人民，促进两国共同发展。总的来说，中泰经贸合作存在以下一些问题。

一、中泰贸易失衡问题

从产业结构上看，2021年泰国的产业结构是农业占10%，工业占30%，服务业占60%，泰国已经成为新兴工业化国家。农业、汽车及食品制造业是泰国的优势行业。泰国作为东南亚地区的制造业大国，是东南亚地区的汽车生产基地，汽车年产量在世界排位靠前。作为东南亚地区的农业大国，泰国发展相关的食品工业等优势也十分明显。汽车、电子产品和农产品是泰国出口的优势产品，在泰国进出口中占据十分重要的位置。[1]

---

[1] 北大汇丰智库国际组. 后疫情时代泰国经济和中泰合作新机遇 [EB/OL]. [2024–11–20]. https://thinktank.phbs.pku.edu.cn/2022/zhuantibaogao_1221/97.html.

与泰国相类似，中国是新兴工业化国家的代表，从产值上来说，中国是世界最大的制造业国家。中国所拥有的工业门类最为齐全，中国也是世界最大的出口国。近些年来，随着美国强化对中国的贸易打压，东南亚国家也成为中国对美出口的产业链的重要一环。因此，大量中国的中间产品向泰国转移，在泰国完成组装等过程。这一过程不可避免地会带来两国之间贸易的不平衡问题。同时，从中国与泰国两国贸易结构上来看，泰国对中国出口的对象中农产品（如榴莲、大米等）等初级产品占据重要地位。2022 年中泰农产品贸易总额 131 亿美元，其中泰国对中国出口 103 亿美元，增长 3.1%。中国成为泰国重要的农产品和食品贸易伙伴，是其最大贸易伙伴、农产品最大出口市场。[①] 而中国对泰国出口的主要产品为工业品。回溯历史，中国曾经在一段时期之内，对泰国存在小额的贸易逆差。但是自新冠疫情开始以来，中国对泰国的贸易顺差急剧增加。有学者根据 2016—2021 年中泰贸易的相关统计发现，泰国在初级产品的农业原料、食品、化学制品以及燃料的产品类别上保持对中国的顺差。中国在机械和运输设备、其他制成品、矿石和金属的产品类别上对泰国保持持续顺差。[②] 因此，从贸易结构上来说，中泰两国的贸易结构互补性很强。中泰贸易不平衡的产生并非中国本意。泰国对中国出口产品的技术含量和附加值相对较低；中国对泰国出口的主要是机电、化工等制造业产品，以制造业为主。初级产品的附加值低、需求缺乏弹性，但是制造业产品的附加值会随着技术水平提高而提高，建立在传统比较优势基础上的、逐步固化的贸易模式所带来的后果便是两国贸易不平衡

---

① 共建一带一路，中泰架起更多桥 [EB/OL]. [2024–11–20]. http://tradeinservices.mofcom.gov.cn/article/ydyl/sedly/lylx/202309/154664.html.

② 北大汇丰智库国际组. 后疫情时代泰国经济和中泰合作新机遇 [EB/OL].[2024–11–20]. https://thinktank.phbs.pku.edu.cn/2022/zhuantibaogao_1221/97.html.

的持续扩大。①但是贸易不平衡的持续存在不利于中泰两国经贸合作关系的持续发展，容易刺激保护主义。

表6-1　中国对泰国贸易相关情况（2016—2023年）

年份	对泰出口/亿美元	自泰进口/亿美元	贸易顺差/亿美元
2016	370.9	386.8	−15.9
2017	387.1	415.8	−28.7
2018	428.9	446.3	−17.4
2019	455.9	461.6	−5.7
2020	505.3	481	24.3
2021	693.7	618.1	75.6
2022	794.8	565.2	229.6
2023	757.4	505.4	252.0

（数据来源：中国海关总署）

二、泰国内政和外交政策波动问题

从很大程度上来说，泰国政治长期以来一直处于不稳定的状态。过去20多年，泰国政治保守派与革新派之间"红黄对峙"斗争激烈，泰国先后发生多次军事政变，政局处于较为动荡的状态。泰国政治呈现出更复杂的"橙红蓝"三足鼎立的政治态势。这给泰国政府长期性规划战略的制定和执行带来了不利影响，②也不利于中泰经贸合作的长久发展。泰国是美国在东盟范围的"准盟国"，但同时泰国也是奉行对华友好政策的国家。在外交战略上，泰国奉行"大国平衡"的外交策略，但

①许培源，刘雅芳.中泰经济关系的现状、问题与对策研究[J].亚太经济，2017（5）.
②周方冶.泰国政党格局从"两极对立"到"三足鼎立"[J].当代世界，2023（11）.

是随着中美两国在区域内的竞争日益加剧，泰国传统的平衡政策正日益面临严峻的结构性难题。尤其是美国对于中国在亚太地区推动的"一带一路"倡议等，始终保持高度的战略警惕。作为"一带一路"的主要参与国，美国、日本等西方国家对泰国等东南亚国家所施加的战略压力日益增大。[①] 中泰经贸合作面对的来自西方世界的压力与日俱增，这将对泰国能否保持足够战略自主性构成严峻的考验。

三、中泰合作潜力有待释放

泰国原本长期占据中国在东盟贸易的前三位。近些年这一位置被印度尼西亚"超车"，虽有反复，但是总体来说，中国与泰国合作的潜力很大，仍有待挖掘。从对外投资的角度来说，根据相关统计，2022 年泰国位居中国对外直接投资存量国家（地区）排位的前 20 位，以总量 105.6 亿美元的数据，位居第 19 位。在东盟国家中，位列新加坡、印度尼西亚、马来西亚、越南之后，考虑到泰国作为东盟第二大经济体的身份，中国对泰国的投资规模总体而言仍然偏小。特别是对比日本在泰国的投资规模而言，差距较为明显。从对外投资的流量来说，中国对泰国近些年总体投资规模在 10 亿到 20 亿美元之间，较早些年增长较为明显，但波动也较为明显。[②] 当前泰国的制造业、服务业等正在持续发展，但是基础设施相对滞后，影响了经济的增长，特别是制约了泰国对外资的吸引力和出口型经济的发展，因此泰国对基础设施建设需求较为强劲。中泰两国地理上不相邻，实现两国之间交通的互联互通，对于密切两国

---

① 余海秋. 中泰战略合作面临的机遇、挑战与对策 [J]. 当代世界，2017（9）.
② 数据来源于《2022 年中国对外直接投资统计公报》。

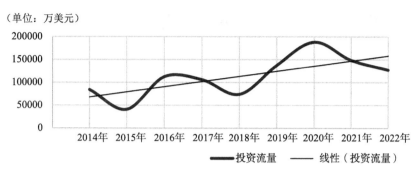

图6-3　2014—2022年中国对泰国直接投资流量数据

的经贸交流、促进两国的共同发展、实现区域经济的整合发展，意义重大。实现互联互通也是两国的一致追求。规划中的连接中泰的泛亚铁路，随着中老铁路的开通，仅剩泰老两国之间的连接问题，实现泰国与老挝更便利、更现代化方式的连接，也是摆在台面上的现实问题。当前在高铁等基础设施建设上，中泰两国合作有了一定的进展。中泰铁路是泰国首条标准轨高速铁路，它使用中国技术，一期工程连接首都曼谷与东北部的呵叻府，二期工程将延伸至与老挝首都万象一河之隔的廊开府，并最终实现与中老铁路磨丁至万象段的连接，进而实现中泰在铁路交通上的互联互通。总体而言，中泰在基础设施建设上的潜力有待继续开发，这对于促进中泰经贸关系的发展，完善两国交流的方式，影响巨大。中泰的进出口商品结构总体上是互补的。目前中国是泰国农产品最大的出口市场，泰国的优质农产品，如榴莲、香米和芒果等，深受中国消费者的喜爱。2023年，泰国榴莲对华出口迅猛增长81.7%，创下936.64亿泰铢的出口纪录。中国对泰国出口商品中，车辆、化工产品、塑料制品和机械产品等成品类增长迅速。这都是中泰两国经济互补性的体现，也充分说明中泰经贸合作大有可为，有充足的潜力值得挖掘。①

①唐卉.中泰命运共同体构建的实施进展、制约因素与策略优化[J].东南亚纵横，2024（5）.

第三节　RCEP 对发展中泰经贸合作关系的影响

经贸合作关系是中泰两国关系中最基本、最重要的组成部分之一，也是检验两国关系能否助力国家发展、人民民生的试金石。[①]中泰两国都是 RCEP 的成员，RCEP 对中泰两国意义重大。作为地区范围具有重要影响的国家，中泰的经贸合作不仅对两国经济发展意义重大，对区域的经济整合和一体化发展也具有重要的影响。因此，对于中泰两国而言，要认真研究好 RCEP 的相关政策，用好相关的政策红利，抓住 RCEP 带来的机遇，真正让 RCEP 发挥对中泰经贸合作的助推作用。具体来看，RCEP 将对中泰经贸合作关系有以下几方面的影响。

一、为中泰经贸合作产生"贸易创造"效应

根据 RCEP 的相关规定，以及中泰之间相互协商的结果，RCEP 全面生效之后，中国与泰国之间的双边贸易相互关税减让的范围将大幅增加。其中，中国将对泰国出口商品中的 7491 项给予零关税的优惠，中

---

① 舒洪水，吴丹 . 澜湄合作背景下中泰合作路径研究 [J]. 广西社会科学，2023（3）.

国还将对中泰各类自由贸易协定之外的泰国商品的贸易关税予以降低并最终免除。RCEP 所给予的关税减免，优惠力度比中国—东盟的双边自由贸易协定力度更大。关税优惠之外，RCEP 也释放出相当多的非关税优惠。如在通关程序上，易腐烂农产品海关通关时间框架规定为不超过六小时，其他普通商品海关通关时限不超过 48 小时。这极大地便利了中泰两国之间的农产品等相关产品的交易。[①]在推动中泰货物贸易便利化的同时，RCEP 对中泰两国之间服务贸易的发展也同样意义重大。RCEP 追求更高程度、更大范围的经济开放，中泰在服务贸易领域也加大了对彼此的开放力度。当前中泰在通信领域就已经相互开放，彼此的通信服务商只要在合规的情况下都可以进入对方市场。留学市场是服务贸易的一个重要组成，而中泰教育合作也将在 RCEP 的推动之下，变得更加成功和卓有成效。在 RCEP 对中泰两国经济合作的促进带动下，两国对职业人才的需求也变大。当前中泰首开了"语言 + 职业教育"合作，两国合办的全球首家语言与职业教育学院在泰国曼谷成立，这意味着双方在中文教育领域合作的深化，也为两国职业教育全面合作提供了更加广阔的平台，对接了中泰经贸合作对职业人才的需求。

二、为中泰经贸合作营造良好的营商环境

RCEP 作为一个高标准、严规则的自由贸易协定，对于知识产权的保护、贸易投资的便利化等方面有较为明确的规定。这些规定对于促进区域成员之间贸易的持续健康发展意义重大，对中泰贸易环境的制度化、

---

① 余海秋.RCEP 助力中泰经贸合作迈上新台阶 [J]. 社会主义论坛，2023（2）.

规范化建设有正向的推动作用。RCEP 对于通关便利化、贸易投资自由化等的系列要求，以及 RCEP 协商过程中各国所作出的承诺，对 RCEP 参与国都具有现实约束力。当前中国企业积极出海，泰国成为中国企业投资的热地。随着 RCEP 的生效，中泰双向投资优惠开启。以农业合作为例，在农业投资方面，泰国政府在 RCEP 项下开放了此前严格限制外国人进入的种稻、果园、旱地种植、畜牧业等领域，这为我国相关企业赴泰投资提供了机遇。①RCEP 的生效为中泰经贸合作关系的发展提供了一个较为稳定的制度环境，有利于减少制度性壁垒对中泰经贸合作的不利影响。

三、推动中泰产业链、供应链深度融合

泰国作为东南亚地区重要的新兴工业国家，是地区重要的经济体。泰国在汽车制造、电子技术产业、农产品及其加工等领域具有较强的优势。中国和泰国经济的互补性较强。近些年来，随着国际政治经济格局的变革，新一轮的全球产业布局正在发生，全球产业链正在重新布局。中国企业"走出去"的步伐不断加快，中国企业正深度参与全球的产业竞争。中国企业在基础设施建设、新能源、电动汽车制造等领域正树立起全面的优势。RCEP 的生效，其对于投资和贸易的保护鼓励等，使得中国企业在泰国拥有了投资的新机遇。尤其是在低碳行业领域，电动汽车行业及其整个生态系统，包括电池和充电站制造建设上，中国企业已经有所收获。随着 RCEP 的生效，原产地累加规则等提供了利好政策，

---

① 徐偲日. 走进 RCEP 成员国：中泰农产品贸易前景如何？[N]. 中国贸易报，2021-08-20.

在中泰友好的政治关系、较为密切的人文交流联系的大背景下，泰国较为低廉的劳动力价格、充沛的劳动力资源，较为便宜的土地价格，以及在东南亚地区相对较好的产业基础和配套，使得泰国对中国企业的吸引力不断增强。近些年，随着美国对中国的相关出口限制，中国企业也基于风险规避，寻找新的组装生产地。泰国是承接中国部分对美出口商品生产的选择地之一。增强两国产业链、供应链的合作对接，对两国的经济安全和发展都具有十分重要的意义。以太阳能光伏产业为例，中国的天合光能科技就在泰国的泰中罗勇工业园，耗费两亿美元建设技术先进、自动化程度高的电池及组件项目生产基地。这一投资与泰国政府发展新能源的战略规划不谋而合。项目取得了良好的经济和社会效益，尤其是促成了泰国的新能源产业的建立，也成为中国企业国际产能合作项目的典范之一。近些年中国电动车产业在泰国的投资，带动了泰国电动车产业的建立，帮助泰国建成了相关的诸如电池生产等配套产业，为泰国相关产业进一步的发展提供了条件。泰国政府对于电动车产业发展的支持政策，吸引了来自中国、日本、韩国和欧美国家的电动汽车厂商在泰国投资设厂，布局泰国的 BEV 产业。目前中国电动车占据了泰国电动车市场的半壁江山。在泰国 16 个电动车品牌中，中国占据五个，其中比亚迪荣登 2023 年前十月泰国电动汽车销量的冠军。①

　　RCEP 对于中泰经贸合作的作用总体而言是正向的，对于双方各自发挥比较优势，带动两国共同发展，构建中泰命运共同体意义深远。因此要重视 RCEP 及其对中泰经贸合作的影响，抓住机遇，不失时机地促成双边经贸合作发展的大飞跃。

---

　　① 袁春生. 保革政治和解与国家发展道路转型——泰国 2023 年回顾与 2024 年展望 [J]. 东南亚纵横，2024（1）.

第四节　进一步发展中泰经贸合作关系的政策建议

中泰经贸合作关系关乎中泰两国人民的福祉，对两国乃至地区的整体发展，都有着十分重要的意义。泰国是东盟的重要成员国，是东盟的"门户"。稳定向前发展的中泰经贸合作关系，也对东盟整体有着重要的意义。要深刻认识到中泰经贸合作关系在中泰双边关系的基础性作用，尤其是要抓住 RCEP 全面生效给中泰带来的机遇，抓好中泰经贸合作，正视两国经贸合作中存在的一些问题，因势利导、对症施策，推动两国经贸合作关系的持续健康发展，真正让两国经贸合作的成果惠及两国人民，造福两国发展和地区发展。

一、规划中泰经贸合作战略

发展友爱协作的中泰外交经贸合作关系是中泰两国的必然选择。泰国经济是典型的外向型经济，对外贸、外资和外国游客的依赖性大。中国的发展所带来的庞大的消费市场、大量的观光客以及近些年来不断增加的对泰国的投资，使泰国受益颇多，也是泰国持续推行对华友好合作的动力。[①]持续推进中泰经贸合作关系需要两国政治层面的协调，需要两国政府的强有力的推动，需要对中泰经贸合作发展谋划出高质量的发展规划。因此，中泰两国需要强化政治协调和沟通，维系和发展中泰传统友谊，强化高层往来和政策协调沟通。当前中泰两国政治上相互信任，各层面的交流往来频繁。赛塔·他威信总理访华期间，与中国领导人就各方面的沟通合作，达成了共识。特别是在推动两国的经贸合作关系发展上，两国都一致强调，要推进中、老、泰联通发展构想，深化互联互通、经贸、旅游等领域合作，维护稳定畅通的产供链体系。[②]这为中泰经贸合作发展定下了大的发展方向，中泰经贸部门应就落实相关共识，展开全面的部门对接，确保相关倡议和构想转化为中泰经贸合作的现实成果。

二、推动中泰经贸战略对接

"东部经济走廊"是泰国政府近30年来最重大的投资计划，也是泰国20年国家战略规划的重要组成部分。泰国通过在差春骚、春武里和罗勇三府设立经济特区，大兴基础设施建设及实行一系列投资优惠政策吸引高附加值产业落户，积极发展新产业，以借此推动泰国产业升级和经济转型。[③]2019年11月，时任国务院总理李克强出席在曼谷召开的东亚合作领导人系列会议，并出访泰国，与泰国领导人举行会谈。中泰领导人一致同意，要推动粤港澳大湾区建设与泰国"东部经济走廊"（EEC）更好对接。李克强还表示，中方愿将"一带一路"倡议同泰国

---

① 宋清润，田霖. 利益、认知的耦合与泰国长期对华友好合作政策 [J]. 东南亚研究，2022(1).
② 王思成. 2023年的泰国：政局有变化　外交更务实 [N]. 光明日报，2023-12-31.
③ 孙广勇. 泰国加快推进"东部经济走廊"建设 [N]. 人民日报，2023-09-01.

发展战略相衔接，实现共商共建共享。①2020 年和 2021 年，王毅外长两次出访泰国时，再次重申中国对粤港澳大湾区建设与泰国"东部经济走廊"（EEC）发展战略对接的支持。2023 年 10 月，应习近平主席邀请，时任泰国总理赛塔来华出席第三届"一带一路"国际合作高峰论坛，对华进行正式访问。两国领导人会晤后，发表的《中华人民共和国政府和泰王国政府联合新闻公报》也强调，要推动"一带一路"倡议同泰国新发展战略对接。②为此，中泰两国相关部门、地方层面，要强化沟通和合作，要紧紧围绕产业产能合作的主题，强化投资、贸易、旅游、基础设施等传统领域合作，围绕产业园区建设开展有针对性的合作。围绕新能源、电动汽车等新的合作领域，根据自身的相对优势，推动在产业链的合作。

三、发挥中泰经济优势，实现经贸合作提质增效

泰国的地理位置优越，自然条件良好，物产丰富，生物资源丰富，具有丰富的资源矿藏。作为一个热带国家，泰国的农业物产丰富，尤其是热带水果、棕榈油、木薯以及大米等。这些都是中国所需要的，中国是世界最大的消费市场之一，也是世界最大的农产品进口国之一。泰国的很多产品，尤其是农产品，在中国市场具有较高的欢迎度。中国是一个制造业的大国，制造业的门类齐全，生产能力强。因此，中国可以从泰国进口橡胶、矿石等原料，向泰国市场提供诸如塑料制品、机械产品、

---

①明大军，娄琛.推动中泰全面战略合作伙伴关系深入发展　让"中泰一家亲"亲上加亲 [N].光明日报，2021–11–07.

②中华人民共和国政府和泰王国政府联合新闻公报（全文）[EB/OL]. [2024–11–25].http://russiaembassy.fmprc.gov.cn/zyxw/202310/t20231020_11164330.shtml.

电子信息技术产品等。同时，中泰在贸易结构中不可避免地会存在一定的竞争性，比如在食品、烟草等领域。[①]中泰双方需要妥善处理这些问题，促进中泰双边贸易的有序和健康、持续运行，避免无序竞争以及可能带来的一系列潜在的问题，真正实现中泰双边贸易的提质增效。

四、强化中泰基础设施建设合作，实现区域互联互通

互联互通对区域内国家工业化的发展进程影响巨大。打造区域间的互联互通，有利于区域内的国家承接他国的产业转移，对促进本国的工业化进程，带动本国经济社会的发展，具有十分重要的意义。[②]实现中泰之间的互联互通是中泰两国政府的一致目标。中泰的互联互通依赖于两国交通的相互连接。中泰铁路是实现中国与泰国铁路的互联互通，促进泛亚铁路中通道的贯通，构建中国与东盟间安全、通畅的铁路运输网络的标志性工程。该铁路完全采取中国的技术和标准，目前正处于建设之中，建成后将成为中泰连接的一条关键通道。一期工程预计 2026 年竣工通车，二期工程预计 2029 年建成并投入使用。作为中泰共建"一带一路"的旗舰项目及泰国首条标准轨高速铁路，一期工程连接曼谷和呵叻，二期工程将实现与中老铁路衔接，经老挝磨丁和中国磨憨可以抵达昆明。此外，中泰两国数字设施联通也在持续推进，信息通道建设取得实质性进展。中国与泰国，在亚太直达海底光缆系统、5G 通信商用网络、电子仓储物流以及北斗信息系统方面实现了共用共享。两国数字

　① 丁雨柔，冯江华 .RCEP 视角下中泰商品贸易互补性和竞争性研究 [J]. 对外经贸实务，2023（3）.

　② 马云 . 中泰全面战略合作伙伴踏入新征程 [J]. 社会主义论坛，2022（12）.

经济的合作也在持续开展之中。中国华为公司与泰国的高校、医院对数字技术在教育和医疗领域的应用上进行了有效的合作。[①]

五、开展中泰人文交流，筑牢中泰经贸合作社会基础

中泰两国有着数千年的交流历史，是好兄弟、好邻居、好伙伴，"中泰一家亲"的观念根植于两国人民心间。中泰经贸合作的快速发展离不开强有力的民意支持。人文相亲，交流频繁，进一步增进了中泰人民的相互了解。2024 年 1 月 2 日，时任泰国总理赛塔表示，中泰两国将从 3 月起永久互免对方公民签证。这一举措意义重大，有利于促进两国之间的民间交流，大幅提升了两国的经贸合作便利化程度。发展中泰经贸关系，需要中国企业在泰国做好民间的形象经营，模范经营，遵守当地法律法规。同时，中国企业和中国政府要懂得运用现代的传播媒介积极进行形象宣传。中国企业和投资者要遵守当地的法律法规，特别是要注意尊重当地的宗教文化等，树立起良好的形象，确保中泰经贸合作获得民意的支持。

中泰两国要抓住有利时机，强化中泰在 RCEP、中国—东盟合作框架、澜湄合作机制、双边合作机制等多层次的协调和交流，积极把中泰经贸合作提升到一个新的高度，以造福两国人民，促进双边关系和区域的共同发展。

---

① 侯胜东 . 深层次推动中泰数字经济合作为"中泰一家亲"注入新动能 [J]. 中国经贸导刊，2023（6）.

RCEP

第七章

RCEP 框架下中国与印度尼西亚经贸合作关系研究

印度尼西亚共和国(简称印尼)是东盟十国中面积最大、人口最多(到2024年10月，人口2.81亿，居世界第四位)，也是经济体量最大的国家。2023年，印度尼西亚国内生产总值以美元计价，达到1.37万亿美元，同比增长5.05%；人均国内生产总值4920美元；对外贸易总额4807亿美元。可以说，印度尼西亚是东盟经济的核心和关键力量，在东盟的经济版图中扮演着至关重要的作用。[①]在东盟国家中，印度尼西亚的经济规模是第二位越南的三倍，印度尼西亚也是东盟国家中唯一一个工业增加值规模能够跃居世界前十的国家，在东盟和地区事务中扮演着十分重要的角色。中国与印度尼西亚自1990年8月复交以来，两国经贸合作关系迅速恢复并发展，目前两国经贸合作势头发展强劲，双方彼此互为对方重要的经贸伙伴。经贸合作关系已经成为中国与印度尼西亚双边关系的重要组成部分，在中国与印度尼西亚的关系中发挥着十分重要的作用。

---

　　① 中华人民共和国外交部.印度尼西亚国家概况 [EB/OL].[2024-11-25].http://www.mfa.cn/web/gjhdq_676201/gj_676203/yz_676205/1206_677244/1206x0_677246/.

第一节　中印尼经贸合作关系现状

　　作为新兴市场国家的新晋代表，蓬勃发展的印尼经济为中印尼经贸合作关系发展提供了可能，也决定了二者的经济关系影响已经超脱两国的范畴，是一对具有深刻地区意义（特别是东盟框架内），乃至世界意义的重要经贸合作关系，从而深刻影响和改变着地区经济发展的走向和趋势。近些年来，随着人口红利的释放，尤其是随着中美关系的转变，特别是美国推行对华贸易战等施压手段，部分跨国公司推行"中国 +1"战略，印尼成为部分境外跨国企业和国内部分劳动密集型和出口导向型企业的新的生产基地的首选。这大大推动了印尼经济社会的发展，也给中国企业提供了广阔的市场和商机，尤其是在中国与印尼双双批准 RCEP 后，中国与印尼高度互补的经济结构，为两国经贸关系的发展提供了强大的动力。当前中印尼经贸合作关系发展势头良好，发展后劲足；繁荣发展的中印尼经贸合作关系推动了两国经济的发展，改善了两国的民生，推动了地区的共同发展。从现状来看，当前中印尼经贸关系具有以下特点。

表 7-1　印尼 GDP 增长率及 GDP 规模（2017—2023 年）

年份	2017	2018	2019	2020	2021	2022	2023
GDP 增长率	5.07%	5.17%	5.02%	−2.07%	3.69%	5.31%	5.5%
GDP/ 亿美元	10100	10400	11200	10584	11860	13200	13711

（数据来源：印尼统计局）

一、中印尼经贸合作关系发展强劲

根据相关的贸易数据统计，当前中国是印尼最大的贸易伙伴，尤其是自 RCEP 全面生效以来，中国与印度尼西亚双边贸易发展迅速，两国贸易额在世界贸易面临衰退的大背景之下有所下降，但是总体发展势头仍然良好。根据中国海关总署的相关统计，2023 年 1—9 月间，中国与印尼两国实现双边贸易额 1032.11 亿美元。双边贸易额同比下降 5.7%，出口下降 9.5%，进口下降 2.1%。与中国的主要贸易伙伴欧盟、美国、日本、韩国等贸易下滑幅度相比，下降速度较为平缓。两国贸易发展的长久势头仍在。[1] 印尼是中国在东盟十国的第三大贸易伙伴，仅次于越南和马来西亚；印尼也是中国在东盟的第五大出口市场和第三大进口来源地。根据相关统计，中国已经连续十年成为印尼最大的外贸伙伴，也是印尼最大的出口市场之一。2022 年，中国与印尼之间的双边贸易额突破 1490 亿美元，达到 1494 亿美元的历史高位，同比增长 19.8%。[2]

---

[1] 数据来自中国海关总署。

[2] "一带一路"高峰论坛｜机遇之路 繁荣之路——"一带一路"中的共同发展理念 [EB/OL].[2024-11-25].http://www.xinhuanet.com/2023-10/12/c_1129913203.htm.

表 7-2　中印尼双边贸易基本情况（2016—2022 年）

年份	中印尼贸易总额 / 亿美元	中国对印尼出口 / 亿美元	中国对印尼进口 / 亿美元	中国对印尼贸易顺差 / 亿美元
2016	534.6	320.7	213.9	106.8
2017	630.2	344.7	285.5	59.2
2018	773.7	432.1	341.6	90.5
2019	797.0	456.4	340.6	115.8
2020	783.7	410.0	373.7	36.3
2021	1244.3	606.7	637.6	−30.9
2022	1491.0	777.8	713.2	64.6

（数据来源：海关总署）

二、中国对印度尼西亚基础设施投资发展迅速，潜力巨大

众所周知，中国在基础设施建设领域取得了长足的发展，积累了宝贵的经验，培养了一批优秀的基础设施建设者和经营企业，具备了向广大第三世界国家提供和输出成套建设和运营体系的能力。印尼作为新兴发展中国家，在基础设施建设上具有强大的需求，而中国则在资金、技术和经验上具备优势，彼此之间优势互补，构成了中国与印尼在基础设施建设领域进行合作的基础。近些年来，印尼在佐科总统领导之下，积极推进"全球海洋支点"战略，一方面强调海洋强国的基本战略，另一方面从国际角度注重与中国推出的"海上丝绸之路"倡议相连接，积极参与中国的"一带一路"倡议。这都为中国与印尼在投资领域的合作提供了助力。目前，中国企业在印尼投资的领域十分广泛，从基础设施建设到电动车，再到化工、水泥、矿产资源开发等。中国企业在印尼的投

资范围不断扩大，中国企业争抢印尼发展的机遇。[①] 从投资规模上来说，中国企业在印尼的投资呈现稳步增长、投资规模不断扩大的趋势。根据相关数据的统计，2022 年中国企业在印尼投资规模达到了 82.3 亿美元，实现了 160% 的增长，而在十年前，中国企业在印尼的投资规模仅为 2.8 亿美元。十年的光景，实现了几十倍的增长。

表 7-3　中国对印尼直接投资情况（2015—2022 年）

年份	2015	2016	2017	2018	2019	2020	2021	2022
投资额 /亿美元	13.2	27	54.8	44	47	22	78	82.3

（数据来源：中国商务部）

三、中印尼产业链融合不断加深

今日，中国与印尼之间的经贸合作关系不再是传统的货物贸易、简单的投资设厂等，而是发展到了产业链之间的深度合作和融合，二者相互发挥自身的比较优势，来实现互利双赢的共同目标。印尼具有十分丰富的矿产资源，特别是锂、镍等资源储备丰富。在电动汽车产业快速发展的今天，作为电动汽车电池重要原料的锂、镍资源的重要性日益突出，这吸引了包括中国在内的世界各国电动汽车产业和矿产开采巨头纷纷涌入印尼。作为世界最大的电动汽车生产国的中国，自然不会缺席。以宁德时代为代表的中国电池企业开始进军印尼市场，宁德时代投资 50 多亿美元与印尼本地公司采取合作的方式共同开发镍矿等电池用材料，试

---

① 王玉晴 . 解密出海印尼机遇：模式类当先　制造业突围 [N]. 上海证券报，2024-01-10.

图在印尼本地达到一个较为完整的动力电池产业链。江苏龙蟠科技也在印尼的莫罗瓦利工业园准备投资开发建设年产 10 万吨磷酸铁锂正极材料项目。这些实例正是中国与印尼双边经济联系不断加深的重要体现。中国东盟自贸区和 RCEP 等框架为中国与印尼双边经济交流提供了便利，推动了二者经济的深度融合，推动了地区经济的一体化进程。

推动中国与印尼两国经贸关系快速发展的主要原因，既有两国政治层面的推动，也有区域经济整合发展所带来的产业合作等。但是总体而言，两国经济结构的互补、政治互信的保障，中国政府践行的"亲诚惠容"的周边外交政策，推动了两国经贸合作关系的全面发展。

首先，中国与印尼之间良好的政治关系，为两国之间的经济关系的发展提供了可靠的保障。对于中国而言，从 2013 年开始，周边外交在中国外交的重要性空前提高。中国强调"亲诚惠容"的周边外交理念，提出"一带一路"合作构想等，高度重视印尼的国际地位和作用，将其视为发展的优先方向之一。自佐科总统执政以来，印尼政府采取了务实的积极对华友好政策。尤其是印尼政府积极参与到中国的"一带一路"倡议之中，这为双方的经贸合作打下了良好的政治基础。[①] 马克思主义认为，经济决定政治，而政治对经济具有反作用。良好的政治互信与互动有助于中国与印尼双边经贸合作关系的发展，而稳步发展的经济联系也有助于推动中国与印尼的关系提升到一个新的高度，让两国人民都切实享受到彼此发展带来的好处。

其次，新的全球产业分工格局下，中国与印尼之间具有高度经济互补性。总的来说，经过几十年的改革开放和发展，中国已经成为世界最

---

① 薛松. 中国与印度尼西亚关系 70 年：互动与变迁 [J]. 南洋问题研究，2020（1）.

为重要的制造业中心和全球最大规模的国内市场，中国企业在一些关键的产业领域具有较为明显的技术和资金优势，也是世界主要的资源性产品的消费国。而印尼人力资源丰富，金属资源丰富，也是重要的煤炭、石油等能源生产国。随着这些年印尼国内的发展和进步，其具备了发展劳动密集型和资源性产业的条件。从这一角度出发，中国与印尼具备了广泛的经济合作的前景，中方的资金、技术和市场，印尼的资源和低廉的劳动力，以及快速发展的国内市场，使得二者的合作成为可能。①

最后，中国政府坚持"睦邻富邻安邻"的政策，坚持"亲诚惠容"的周边外交理念，积极推动与东盟地区国家的友好合作。在东亚区域一体化的进程中，基于地区主义的理念，中国与东盟自由贸易区以及新近落实的 RCEP 等，为两国的经济合作提供了平台和可靠的机制保障。

中国与印尼双边经贸合作关系发展迅速，合作的内生动力强。回顾中国与印尼的经贸发展史，两国自 20 世纪 90 年代恢复外交关系以来，从合作初期的较为有限的经济合作，到今天不断织密的经贸关系，发展十分迅速。两国经贸合作关系的发展是两国各自发展的需要，也是有益于两国人民的正确选择。尤其是 21 世纪以来，特别是在佐科总统任期内，两国经贸合作关系与两国政治关系同步发展。二者之间形成了良性互动，从整体上推动了中国与印尼两国关系的发展，也带动了两国的共同发展，推动了两国紧密的命运共同体建设。

---

①汪涛，王玥，AGUS SUPRIYADI，等.RCEP 背景下中国对外直接投资在印尼的潜力和挑战 [J].长安大学学报（社会科学版），2022（5）.

第二节　发展中印尼经贸合作关系中存在的问题

中国与印尼经济联系增强的趋势日益明显，但是二者的经贸规模仍然相对偏小。中国是世界第二大经济体，而印尼作为东南亚地区的第一大经济体，二者的经贸规模在中国与东盟十国的经贸联系中处于中游水平。中国与印尼的贸易额远远不及经济规模仅为印尼三分之一的越南的水准。也就是说，中国与印尼之间的经贸潜力远没有得到开发。印尼在中国主要贸易伙伴中的排位并不高。近些年来，中国与印尼经贸联系快速发展，外贸规模和水平不断提升，但是中国与印尼外贸的增长幅度仍然落后于中国与东盟整体的经贸增长幅度，甚至在中国与东盟整体贸易中，印尼的占比反而出现了下降的趋势。[①]

一、中印尼之间存在的贸易不平衡问题

总的来说，中国与印尼贸易结构中，中国长期是贸易的出超一方，而印尼则面对较大的贸易赤字。从时间来看，2000—2006 年间，印尼

---

① 李皖南，杨傲. 中国与印度尼西亚双边贸易关系: 特征、问题及发展对策 [J]. 创新，2022(3).

是双边贸易的顺差国，而自 2007 年后双方角色互转，中国成为顺差国。自 2007 年中国首次实现 2 亿美元的顺差以来，中国对印尼的贸易顺差不断增长，到 2022 年中国对印尼贸易顺差已经达到了 99.7 亿美元，而贸易顺差最大的 2018 年则到了 208.5 亿美元的历史高位。印尼极力希望扭转这种局面，因此迫切要求中国开放市场，实现贸易的基本平衡。[①]而两国贸易中存在的结构问题也导致了印尼国内对华贸易保护主义的抬头。印尼频频在 WTO 框架下祭起反倾销调查的大旗，中国也成为遭遇印尼反倾销调查最多的国家之一。1995—2014 年，中国是印尼反倾销调查的首要国家，这并没有随着 2010 年中国—东盟自贸区的生效而减少，反而呈现出一种强化的趋势。[②]即使在佐科总统任期内反倾销调查仍未中断，仅 2020 年以来，印尼就对原产自中国的瓷砖、热轧钢板、聚酰胺薄膜、合成纤维长丝纱线等产品实施反垄断调查。这一系列的行为无疑给双边经贸的发展带来了极大的负面影响。事实上，这也没有从根本上改变中国与印尼双边贸易的结构性不平衡问题。

二、中印尼投资合作关系的层次有待提升

虽然中国企业进军印尼市场已经行之有年，但是总体来看，中国企业在印尼投资的总体规模仍然不是很大。中国企业的意向投资转化为实际投资的比例偏低，远远落后于日本等国。虽然中国长期居于印尼第二大投资国的地位，但是投资的领域较集中于工程承包、资源性产业与矿

---

① 吴崇伯，张媛.“一带一路”对接“全球海洋支点”——新时代中国与印度尼西亚合作进展及前景透视 [J]. 厦门大学学报（哲学社会科学版），2019（5）.

② 宋利芳.WTO 框架下印尼对华反倾销及中国的对策 [J]. 东南亚研究，2016（6）.

业（尤其是煤炭、镍矿）等领域，在其他方面，比如农业与粮食安全等领域虽说大有可为，但是合作的潜力尚未得到完全挖掘。中国对印尼投资存在的问题，受制于一些客观因素，如印尼对华的工作签证较难申请，中国企业在印尼普遍遭遇场地建设所带来的"征地难"的问题，投资时常遭遇"朝令夕改"的政策问题。这些问题的存在影响了中国企业对印尼的信心，也使得国内企业在对印尼的投资问题上较为慎重。但是印尼迅速发展的国内市场以及人口红利的释放，决定了中国企业在印尼的投资需要具备超前的眼光。中国企业要抓住 RCEP 的红利，结合自身需求，把握好机遇。

三、印尼的国内政治走向冲击中印尼经济合作

事实上，印尼国内对于发展对华关系仍然存在诸多杂音。随着佐科总统的任期结束，印尼政治的走向仍然具有诸多不确定性。中国与印尼虽然不存在领土的纠纷，但是双方在海洋专属经济区的划分上有所重叠，两国在南海的海洋权益上存在着争议。近些年，美国出于遏制和对抗中国的目的，在地区内推行"印太战略"。美国采取了拉拢印尼的策略，将发展与印尼的关系放在优先位置。在这一大背景下，美国与印尼的战略伙伴关系不断得到提升。美国与印尼的政治联系不断增强，在经济、政治和安全领域的合作不断推进和发展。而印尼与美国的关系互动必然会对中印尼关系产生影响。尤其是在作为美印尼战略伙伴关系支柱的安全关系发展动向上，两国军队的交流规模、军备交易的规模和先进程度都不断得到提升，在海上安全议题上的合作

得到强化。① 印尼是东南亚地区的大国，在地区中具有十分重要的地位，因此发展和平友好的中印尼关系符合双边共同利益，也符合地区各国的共同利益。毋庸置疑，印尼国内政治的变化是中印尼关系发展的最为重要的变量。当前海上渔业纠纷、印尼社会对华人及其政治地位的包容性、中国在印尼劳工问题以及两国之间的债务问题是摆在中国和印尼关系面前的四大挑战，它们都对两国经贸合作大环境构成影响。因此，如何积极应对两国关系的几大挑战，从两国关系发展的大局出发，强化两国共同利益的合作，尤其是发展互惠互利的经贸合作关系，是需要加以考量的。

四、印尼国内存在的经济民族主义给中印尼经济合作带来的挑战

印尼是世界重要的资源大国，也是几种战略矿产资源的重要提供者，近些年来，印尼资源民族主义和经济民族主义势头强劲。2014 年佐科上台后，经济民族主义在印尼经济政策中的地位有所提升。② 印尼政府强化了重要矿产资源和出口产品的出口管制。印尼实施了所谓的资源"下游化"的战略，只准许精炼金属的出口，而禁止原矿产品的出口。2020 年作为世界主要镍矿提供者的印尼全面禁止镍矿资源的出口，这也对中国的相关产业产生极大的影响。2023 年印尼政府又发布了铝土的出口禁令。从品类来说，印尼对铝土、镍矿、煤矿、锡矿、铜矿、棕榈油等都先后发布了出口禁令。相关资源出口禁令对中国相关企业和产业的正

---

① 王勇辉，程春林.拜登政府"印太战略"下美国—印尼战略伙伴：进展，逻辑与限度 [J].印度洋经济体研究，2023（2）.

② 邢瑞利.对外开放抑或保护主义：印尼经济民族主义适度性思考[J].东南亚研究，2020(6).

常运转构成了一定的不利影响，特别是对于新能源企业来说，新能源安全的不确定性在增加。① 因此，如何适应印尼的相关政策变化，减少对自身的影响，是摆在中国企业面前的一个挑战。近些年，很多中国相关资源产业纷纷向印尼投资，在地利用印尼相关资源，也正是对相关变化所作出的应对之策。

---

①祝一鸣，覃天才.泛南海镍资源圈地缘政治变动与中国新能源安全风险 [J].南洋问题研究，2024（3）.

第三节　RCEP 对发展中印尼经贸合作关系的影响

RCEP 是最早由东盟提出，经过数年的协商，最终由中国、日本、韩国、东盟十国以及澳大利亚、新西兰在内的 15 个国家所达成的世界上涉及人口最多、经贸规模最大的区域自由贸易协定。2020 年 11 月，该协议由上述 15 个国家正式全面签署，标志着其正式形成。RCEP 具有十分重要的意义，其强调增进成员国相互之间的经济合作和交流，深化地区的经济一体化，强化经济伙伴之间的关系，尤其强调要建立清晰且互利的规则，以利于贸易和投资，包括参与区域与全球供应链。因此，RCEP 的签署和实施，将有利于各国更好地融入亚太地区经济一体化进程之中，在全球产业链新一轮的分工和合作中获得自身的最大发展。作为 RCEP 的两个重要成员：中国和印尼二者的经济关系也必将在 RCEP 的框架之下得到快速发展，从而造福于两国的企业和人民。

一、推动中印尼双边货物贸易的持续快速发展

RCEP 追求贸易和投资的便利化，特别强调"清晰且互利的规则"的重要性，以海关通关环节为例，要求各协议签署成员国国内的法律具

有相当程度的普适性和透明度，注重通关的快捷化和便利化，强化各成员国海关相互之间的合作。在此基础上，包括东盟十国在内的 RCEP 成员国按照相关要求，采取了积极的举措。作为东盟重要成员的印尼也是如此，2021 年印尼颁布了"新投资清单"，列出外商投资的优先行业领域，取消了一些重要行业领域内对外商直接投资的比例限制。比如，零售和电信行业原有的 67% 的投资限制被取消。[①] 而这些举措有利于吸引中国企业赴印尼投资兴业。

RCEP 关税减让原则和原产地规则将有力推动中国—印尼双边经济贸易的发展。RCEP 要求各成员之间关税减让，协议生效后，区域内贸易的 90% 的项目将实现零关税。特别是 RCEP 讲求原产地规则，强调货物在生产加工过程中实现的增值属于任一成员，累积增值超过 40%，即可享受关税减让的政策。这与其他自由贸易协定对减税划定范围和品类的做法有所不同，且 RCEP 强调其与区域内成员已有的自由贸易协定互为补充，[②] 因此 RCEP 与中国—东盟自由贸易区双重政策的叠加，为中国和印尼企业享惠创造了有利的条件，将有助于降低两国企业之间的交易成本。根据相关数据，2022 年中国企业在 RCEP 下享惠出口产品价值 2353 亿元，享受进口国的关税减让接近 16 亿元。享惠进口货物价值达到了 653 亿元，减税 15.5 亿元。[③]RCEP 于 2023 年 1 月 2 日在印尼正式生效，之后，印尼在中国—东盟自由贸易区的基础之上，新增对于中国 700 多个税号的产品零关税待遇，包括汽车零部件、摩托车、电视、

---

① 孙策，宋琳琳 .RCEP 实施与东盟各国推动对华经贸便利化阶段成效、具体举措与路径优化 [J]. 东南亚纵横，2023（3）.

② 赵书博，胡江云 . 高质量实施"区域全面经济伙伴关系协定（RCEP）"[J]. 红旗文稿，2023（13）.

③ 张利娟 .RCEP 进入全面实施新阶段 [J]. 中国报道，2023（7）.

服装鞋靴、塑料制品、箱包、化工产品等。① 这将极大地推动双边经贸的发展和进步。

二、刺激中国企业扩大对印尼投资

RCEP 的实施将极大推动中国与印尼的双边出口贸易发展。自 2011 年中国成为印尼最大的贸易伙伴以来，中国与印尼的经济关系得到了全面提升和加强。当前中国与印尼彼此互为重要的经济贸易伙伴，在全球化相互依存的时代，紧密的经济联系将极大地推动中国与印尼的共同发展，真正地改善两国人民生活。当前，中国作为亚洲范围内最大的经济体，是地区经济发展的"引擎"。中国巨大的市场给包括印尼在内的广大 RCEP 成员广泛的机会，而印尼的快速发展也给中国企业以发展的机遇与空间。由中国国铁集团承建的，采用中国技术和标准设计、建造的东南亚首条，也是印尼首条高铁——雅万高铁，于 2023 年 10 月 17 日正式开通。雅万高铁沟通了印尼两个最大城市之间的交通，方便了两地人员的交流，对印尼的经济社会发展意义重大。雅万铁路被印尼前总统佐科誉为"标志着我们（印尼）有效、友好和一体化的大众运输系统"，同时也是"印尼现代化的象征"。中国企业在印尼的广泛投资，不仅帮助印尼建成了现代化的工业和经济结构，也带来了先进的管理经验和模式，推动了印尼经济的现代化，给印尼当地带来了丰厚的财政收入，带动了当地人的就业。"到中企"正成为印尼社会一种新的就业趋势。

---

① RCEP 正式对印度尼西亚生效 [EB/OL]. [2024-11-25].http://asean.mofcom.gov.cn/article/jmxw/202301/20230103376964.shtml.

三、推动中印尼经贸合作关系更上一层楼

中国与印尼自 1990 年复交以来，经贸合作关系发展势头强劲，随着中国—东盟自由贸易区的建立，以及区域全面经济伙伴关系协定的落地，中国与印尼的经贸合作关系发展有着稳定的机制性保障。RCEP 强调原产地累积规则和关税减让规则及其落地，这对于中国与印尼的企业来说，是双向的利好。RCEP 有助于中国的贸易结构的转型与优化，特别是对于推动国际和国内双循环的发展而言，意义重大。RCEP 的诸多便利也给了中国企业优化区域产业链的更多选项，而印尼则是其中重要的一环。今天的中国与印尼贸易已经走出了早期简单的以货物贸易为主的阶段，而是走向了货物与服务贸易并存、贸易类型多样化的阶段。中国已经连续十年成为印尼最大的贸易伙伴。2022 年，两国双边贸易额为 1491 亿美元，同比增长 20.16%。2022 年中国继续稳居印尼第二大投资来源国地位。当前中国与印尼两国正按照两国领导人最新达成的《关于深化全方位战略合作的联合声明》的相关精神和要求，力求在互利互惠基础上进一步拓宽双边贸易合作和投资规模，支持在经贸活动中扩大本币使用，提升贸易便利化水平，高质量实施《区域全面经济伙伴关系协定》，实现强劲、均衡、包容和双向可持续的贸易，共同维护产业链、供应链稳定。两国正合力推进"区域综合经济走廊"和"两国双园"建设，开展更多促经济、惠民生的"小而美"项目。

四、推动中印尼产业链、供应链整合

地区经济一体化正成为亚太地区经济发展的趋势，作为地区重要经

济体的中国与印尼，二者经济合作的增强将有助于地区经济关系的整合，特别是推动地区国家在产业链中的分工和合作，从而确保地区经济的稳定和安全。RCEP 在中国与印尼的先后获批与生效，表明了地区主要经济体推动区域经济发展联系的决心和努力。"一带一路"倡议与印尼的"全球海洋支点"战略的对接，扩展了中印尼在经贸、投资等领域的合作空间。海洋油气开发、基础设施建设、制造业、农业生产和旅游等领域是未来中国与印尼经贸合作关系发展的红点领域。中国与印尼经贸合作关系的发展和整合，有助于推动中国与东盟之间的经济一体化进程，尤其是在当前全球经济不稳定、逆全球化兴起的背景下。RCEP 自生效以来，在货物贸易、服务贸易及投资准入方面的开放效应已经显现，成为推动域内经贸往来，稳定产业链、供应链的重要力量。

第四节　进一步发展中印尼经贸合作关系的政策建议

　　总体来看，印尼经济发展的势头强劲，人口红利释放，作为东南亚地区最大的经济体，处于快速的发展过程之中。这为中国企业提供了广阔的市场和发展的前景。RCEP 在印尼的生效将给印尼经济带来利好，给印尼经济发展带来重要的推动作用。根据印尼贸易部预测，RCEP 实施五年内，印尼出口将增长 8% 至 11%，外商投资将增长 22%。此前，印尼经济统筹部长艾尔朗加也表示，RCEP 将在 2040 年使印尼国内生产总值增加 0.07%。RCEP 广泛的覆盖范围，有助于印尼寻求开展更多合作，以支持其成为世界电动汽车生产中心的目标，包括发展由其丰富的镍和铜矿支持的电动汽车电池产业。[①] 中国是当今第二大经济体，也是世界最大的贸易体，以印尼为代表的 RCEP 成员国是中国最为重要的贸易伙伴之一。2012—2022 年，中国从 RCEP 成员国的进口占中国总进口的比重稳居在 35% 左右。2012 年，中国从 RCEP 成员国的进口占中国总进口的比重为 34.8%；2022 年，中国从 RCEP 成员国的进口占中

---

①陈小方 . 印尼经济发展迎来新利好 [N]. 经济日报，2023-01-06.

国总进口的比重为 34.99%。[①]RCEP 的生效实施，不断释放政策红利，促进了中国与东盟国家大宗商品贸易发展，助推区域产业链、供应链安全稳定。中印尼两国贸易互补性强，经济合作的前景广阔，经贸合作对两国的发展都十分重要。因此，RCEP 将有力地推动两国的经贸合作，将两国合作提升到一个新的层面上，意义十分重大。但是也应该看到，当前两国经济合作仍然存在一些问题，比如印尼国内的经济民族主义、行政效率低，以及两国贸易存在的结构不平衡的问题。要想让两国经济合作行稳致远，就应该直面问题，找寻正确的解决之道。

一是对接"一带一路"倡议与印尼"全球海洋支点"构想，提升中印尼经贸合作的规模和层次。

要打造一批具有典型性和标志性的工程和项目，以"两国双园"合作为标杆，打造中国—印尼经济合作的典范。要切实发挥中国企业的资金、技术和管理方面的优势，充分挖掘中国与印尼经济合作的潜力。特别是在新能源汽车、绿色发展、资源的勘探开发等领域，中印尼具有巨大的合作潜力，这也是双边经贸合作需要开发和挖掘的新的领域。而在传统的农业与粮食安全、旅游、渔业、贸易等领域，要扩大合作的规模和范围，让中国与印尼两国人民充分享受到两国共同发展所带来的红利，真正实现两国的共同发展，让两国人民享受到经济合作的好处和红利。要稳步推进中印尼经贸关系的发展，尤其是要履行好两国已经签署的相关合作协议，把现有合作落到实处，维护中国的投资信誉。切忌盲目跟风，而是要从"一带一路"倡议的长远角度，积极发展两国互惠互利的

---

① 《2023 中国进口发展报告》：RCEP 成员国占中国进口总额的 35%[EB/OL].[2024-11-25]. https://economy.gmw.cn/2023-11/05/content_36942893.html.

经贸关系，使两国经贸合作行稳致远。①

二是用好 RCEP 和中国—东盟自贸区等平台优势，把区域经贸合作体制机制规范转化为中印尼经贸合作机遇。

RCEP 和自贸区既是区域经济关系紧密的体现，也是当今全球地区经济一体化的标杆，对于亚太地区的经贸合作，乃至区域的一体化都具有十分重要的意义。中国和印尼都是具有重要影响力的地区经济大国，两国经济关系密切。自贸区和 RCEP 所给予的关税减免、对于透明和统一的贸易规则的重视等，为两国经贸合作扫清了很多障碍。中国企业和印尼企业要充分利用好这些政策红利，将其转化为两国经贸合作的动力和看得见的"好处"。中国企业要真正研究诸多条款，从中找寻到有利之处，做到灵活运用。

三是强化中印尼两国政府协调，为经贸合作关系发展提供政治保障。

在第三次"一带一路高峰会"上，两国达成了《中华人民共和国和印度尼西亚共和国关于深化全方位战略合作的联合声明》。决定以该年两国建立全面战略伙伴关系十周年为契机，推动《中印尼加强全面战略伙伴关系行动计划（2022—2026）》（下称《行动计划》）全面有效落实，建立更强劲、多元、高质量以及互惠互利的双边关系。但是中国企业在印尼运营过程中，往往会遇到诸多问题，很多问题需要借助于两国政治层面的协调加以推进，这就决定了两国在经济合作的同时，政治层面的沟通和协调也要跟进，切实推动合作项目的落地生根，推动两国关系的全方位发展。但需要注意的是：由于国情不同，印尼的政治体制，

---

① 金英姬. 中国与印尼发展战略的对接与经济合作 [J]. 太平洋学报，2016（11）.

特别是在中央—地方关系上，与中国有所差异。印尼是一个分权型国家，权力关系相对分散，地方在与中央的博弈中享有更多的权力。中印尼经贸合作最终仍需要落实到地方层面，这决定了在推动合作过程中，需要考虑到印尼地方的实际情况，需要发挥印尼中央政府的协调作用。[①]

　　总体而言，印尼市场对于中国来说，既是机遇也是挑战。印尼国情复杂，其内部政治具有巨大差异性，外部势力可能具有高度地缘政治风险性。因此，发展与印尼的经贸合作关系要着眼于长远，积极做好各种预案准备，增强风险意识和准备意识。这是在百年未有之大变局之下，面对纷繁复杂的世界形势，中国企业、个人和中国政府所应当具有的战略眼光。

---

①梁孙逸，李源正.中央—地方关系视角下中国印尼经贸合作的风险因素分析[J].国际论坛，2020（3）.

RCEP

第八章

RCEP 框架下中国与马来西亚
经贸合作关系研究

马来西亚，简称"大马"，是君主立宪联邦制国家，首都为吉隆坡，联邦政府行政中心为布城。全国分为 13 个州和三个联邦直辖区，全国面积共 33 万平方千米。马来西亚位于东南亚，国土被南海分隔成东、西两部分，即马来半岛南部（西马）和加里曼丹岛北部（东马）。人口约 3370 万（2023 年），其中马来人占 70.1%、华人占 22.6%、印度人占 6.6%，其他种族占 0.7%。

马来西亚是资本主义国家，其经济在 20 世纪 90 年代突飞猛进，为"亚洲四小虎"之一，现已发展成为亚洲地区引人注目的多元化新兴工业国家和世界新兴市场经济体。马来西亚实施马来族和原住民优先的新经济政策，根据外交部数据，2023 年马来西亚 GDP 为 3996.49 亿美元，人均 GDP 约为 11650 美元，进出口总额约为 6249 亿美元，吸引外资 2195 亿美元。①

马来西亚是 WTO 创始成员国、东盟成员国、亚太经合组织成员国、英联邦成员国和 RCEP 缔约国。

马来西亚长期以来与中国保持良好的外交关系，两国高层互访和接触频繁，政治互信不断增强。双边经贸交流日益活跃，中国已连续 14 年成为马来西亚最大贸易伙伴，马来西亚则是中国在东盟的第二大贸易伙伴。2024 年 1—6 月，中马双边贸易额达 1002.3 亿美元，同比增长 10.6%。其中，中国对马来西亚出口额为 484.8 亿美元，同比增长 12.6%；中国自马来西亚进口额为 517.4 亿美元，同比增长 8.7%。

---

① 中华人民共和国外交部 . 马来西亚国家概况 [EB/OL]. [2024-11-25]. https://www.mfa.gov.cn/web/gjhdq_676201/gj_676203/yz_676205/1206_676716/1206x0_676718/.

第一节　中马经贸合作关系的政治基础

中国与马来西亚于 1974 年 5 月 31 日正式建立外交关系。自此开启了两国外交关系的新局面，两国关系总体发展顺利，特别是经贸合作关系一直维持良好的发展态势。1999 年，两国签署《中华人民共和国政府和马来西亚政府关于未来双边合作框架的联合声明》，该声明体现了中马两国政府对发展双边关系的一致认识和良好愿望，中马互为重要经贸合作伙伴，两国在经贸领域合作成果丰硕，为两国人民带来了实实在在的利益。该声明指出，中方愿与马方一道，加强战略对接，推动产业高效协同发展，不断提升经贸投资合作水平，推动产业高效协同。双方将进一步深化贸易、投资、金融、基础设施、科技、教育、文化、旅游等领域合作，推动建立全面、务实、包容、可持续的双边关系。双方将共同维护多边贸易体制，推动建设开放型世界经济，促进全球贸易和投资自由化、便利化。2004 年，两国领导人就发展中马战略性合作达成共识。2013 年，两国建立全面战略伙伴关系。2023 年，两国宣布共建中马命运共同体。中马两国达成的全局性双边协定为两国的经贸发展提供了重要的政治基础和外交基础。

中国作为马来西亚的最大贸易伙伴，在马来西亚的经贸活动中占有重要地位。1988年，中马两国成立双边经贸联委会，该机制定期举行会议，讨论两国之间的贸易和投资问题，并就相关政策进行沟通和协商。双边经贸联委会通常由两国政府代表组成，负责监督和协调两国之间的经贸合作，联委会下设多个工作组，负责具体领域的经贸合作。例如，贸易工作组负责监督和协调两国之间的贸易合作，包括货物贸易、服务贸易等领域；投资工作组负责促进两国之间的投资合作，包括吸引外资和对外投资等领域；金融工作组负责协调两国之间的金融合作，包括货币政策、金融监管等领域。2002年4月，双方又成立双边商业理事会，理事会通过组织商业论坛、研讨会、贸易展览等为中马两国企业提供交流平台，两国企业可以更好地了解彼此的市场和商业环境，探索合作机会，推动业务合作，通过该组织的平台促进两国间的商业合作。同时，该组织也为中马两国政府提供了一个对话和协商的平台，以共同解决商业合作中遇到的问题和挑战。

2013年，中国提出了"一带一路"倡议，旨在通过加强沿线国家之间的互联互通和经济合作，推动共同发展。马来西亚积极响应并支持这一倡议，双方在多个领域开展了广泛合作。

为了进一步推动双边经济合作，2017年，中国与马来西亚签署了《关于通过中方"丝绸之路经济带"和"21世纪海上丝绸之路"倡议推动双方经济发展的谅解备忘录》。该备忘录明确了双方在基础设施建设、贸易投资、金融合作、人文交流等领域的合作重点和方向。同年5月，为加强基础设施建设的合作，使马来西亚更好地融入"一带一路"建设，双方又签署了《中国商务部同马来西亚交通部关于基础设施建设领域合作谅解备忘录》，进一步明确了双方在基础设施建设方面的合作领域，包括铁路、港口、机场以及其他基础设施项目。同时，双方共同成立交通基础设施合作工作组，通过交流信息和经验、分享良好实践和做法、加强互惠互利的倡议和项目的合作、举办座谈会、研讨会、培训活动及会议、加强政府联系等方式为交通基础设施合作提供便利。

2023 年，两国签署《中华人民共和国政府和马来西亚政府关于扩大和深化经济贸易合作的协定第一修订议定书》。这一协定旨在加强和推动双方全面经贸合作，充分挖掘对方国家市场潜力，扩大双边贸易和投资。在协定中，双方积极鼓励两国企业在平等互利的基础上扩大双边贸易规模，同时也鼓励两国工商界在对方国家举办或参加展览会、交易会和研讨会，并为此提供各种便利。此外，双方还确定了多个合作领域，包括农业、基础设施、制造业、批发和零售、投资、服务、矿产资源等，以及工业园和出口加工区、物流等领域，力求在这些领域中进一步加强经济合作。

第二节　中马经贸合作关系的现状

中国与马来西亚双边贸易和经济合作总体上处于较高水平，除个别年份外，均维持较高的增长率。中国 2009 年取代新加坡成为马来西亚最大的贸易伙伴，并一直维持至今，特别是近两年在国际地缘政治冲突频发、马来西亚内部"政变"、新冠疫情影响反复延宕、世界经济复苏乏力的背景下，中马双边贸易额依然以极高的速度增长，经济合作频繁，体现了两国经贸合作关系韧性强、互信度和互利度高的特点。

在中国与马来西亚双边贸易关系方面，马来西亚的主要贸易伙伴为中国、新加坡和美国。据中方统计，2023 年中马双边贸易额为 1902.4 亿美元，同比下降 5.2%；其中中国出口额为 873.8 亿美元，进口额为 1028.6 亿美元，中国贸易顺差为 −154.8 亿美元。中国已连续 15 年成为马来西亚最大贸易伙伴。①

---

①中华人民共和国外交部．中国同马来西亚的关系 [EB/OL]．[2024 −11−25]．https://www.mfa. gov.cn/web/gjhdq_676201/gj_676203/yz_676205/1206_676716/sbgx_676720/．

表 8-1　中马双边贸易情况（2010—2023 年）

年份	出口额 / 亿美元	进口额 / 亿美元	进出口总额 / 亿美元	进出口总额 同比增长率	中国贸易顺差 / 亿美元
2010	238.02	504.47	742.49	43.23%	−266.45
2011	278.86	621.37	900.23	21.24%	−342.51
2012	365.25	583.07	948.32	5.34%	−217.82
2013	459.31	601.53	1060.84	11.87%	−142.22
2014	463.53	556.52	1020.05	−3.85%	−92.99
2015	439.80	532.77	972.57	−4.65%	−92.97
2016	376.72	492.70	869.42	−10.61%	−115.98
2017	417.12	544.26	961.38	10.58%	−127.14
2018	453.76	632.05	1085.81	12.94%	−178.29
2019	521.42	719.10	1240.52	14.25%	−197.68
2020	563.01	751.74	1314.75	5.98%	−188.73
2021	786.55	983.05	1769.60	34.59%	−196.50
2022	937.11	1098.88	2035.99	15.05%	−161.77
2023	873.83	1028.61	1902.44	−6.56%	−154.78

（数据来源：中国海关总署数据库[①]）

　　在贸易结构方面，中国主要进口原材料和工业半成品，出口工业成品。以 2022 年为例，中国从马来西亚进口的主要商品有集成电路、计

---

① 因统计口径不同，数据可能存在误差。

算机及其零部件、棕榈油及其制品和塑料及其制品等；中国向马来西亚出口的主要商品有纺织品、计算机及其零部件、集成电路等。

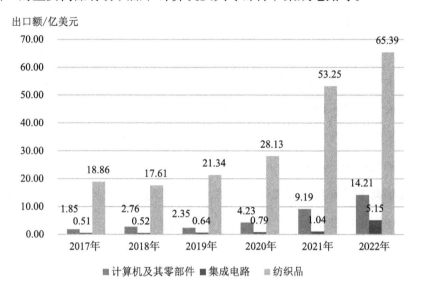

图 8-1　中国向马来西亚出口的主要商品及其出口额（2017—2022 年）

（数据来源：中国海关总署数据库）

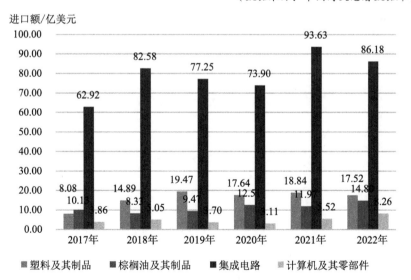

图 8-2　中国从马来西亚进口的主要商品及其进口额（2017—2022 年）

（数据来源：中国海关总署数据库）

在中国与马来西亚双边投资关系方面，随着马来西亚经济的快速发展以及 RCEP 协定的生效，越来越多的中国资本选择在马来西亚投资。根据马来西亚方数据，2022 年中国对马来西亚直接投资额达 125 亿美元，约占马来西亚接受外国直接投资额的三分之一。中国在马来西亚的投资主要集中在基础设施、新能源、数字经济、现代农业与高端制造等领域，这些投资给马来西亚带来了实实在在的利益。例如"两国双园"（中马两国领导人直接倡议和推动的政府间重大合作项目，包括中马钦州产业园区和马中关丹产业园区）和马来西亚东海岸铁路等旗舰项目的实施，不仅提高了马来西亚基础设施水平，促进了马来西亚经济发展和产业转型，还为中国资本和技术找到了新的投资地。

第三节　中马经贸合作关系持续发展的原因

中马之间较为繁荣的经贸交流，首先归因于中马两国经济的快速发展和人民生活水平的不断提高，这为双边经贸交流和发展提供了物质基础。其次，两国政府都秉承独立自主、合作共赢的外交理念，为双边外交关系的不断发展奠定了坚实的基础，进而为双边经贸发展提供了外交支持。最后，马来西亚领导人长期对华认知客观积极，为中马双边经贸发展提供了友好的氛围。

一、中马两国经济快速发展，为双边经贸交流和发展提供坚实的物质基础

经贸交流和发展归根结底受经济发展水平和人民生活水平的制约和影响。经济发展水平和人民生活水平低，双边经贸交流少；反之，经贸交流则频繁。中国的快速发展及其所取得的成就举世瞩目，在此不再赘述。本部分内容主要论述马来西亚的发展及其对双边经贸交流和发展的影响。

20世纪70年代前，马来西亚经济以农业为主，依赖初级产品出口。

70 年代以后不断调整产业结构，大力发展出口导向型经济，电子业、制造业、建筑业和服务业发展迅速。同时实施马来民族和原住民优先的"新经济政策"，旨在实现消除贫困、重组社会的目标。

1987 年起，马来西亚经济连续十年保持 8% 以上的高速增长。1991 年提出"2020 年宏愿"的跨世纪发展战略，旨在于 2020 年将马来西亚建成发达国家。马来西亚历来重视发展高科技，启动了"多媒体超级走廊""生物谷"等项目。1998 年受亚洲金融危机的冲击，经济出现负增长。政府采取稳定汇率、重组银行企业债务、扩大内需和出口等政策，经济逐步恢复并保持中速增长。2008 年下半年以来，受国际金融危机影响，马来西亚国内经济增长放缓，出口下降，马来西亚政府为应对危机相继推出 70 亿林吉特和 600 亿林吉特刺激经济措施。2009 年纳吉布总理就任后，采取了多项刺激马来西亚经济和内需增长的措施，马来西亚经济逐步摆脱了金融危机影响，企稳回升势头明显。[①]

表 8-2　马来西亚宏观经济（2010—2023 年）

年份	GDP/亿美元	GDP 同比增长率	人均 GDP/美元
2010	2584.4	7.4%	7215.7
2011	3026.4	5.3%	8771.8
2012	3191.5	5.5%	10258.8
2013	3280.7	4.7%	10662.7
2014	3430.9	6%	10989.0

---

① 中华人民共和国外交部 . 马来西亚国家概况 [EB/OL]. [2024–11–25]. https://www.mfa.gov.cn/web/gjhdq_676201/gj_676203/yz_676205/1206_676716/1206x0_676718/.

（续表）

年份	GDP/亿美元	GDP 同比增长率	人均 GDP/美元
2015	3013.5	5%	9603.1
2016	3019.2	4.4%	9441.9
2017	3192.5	5.8%	10036.2
2018	3589.9	4.8%	11066.5
2019	3652.8	4.4%	11207.9
2020	3376.1	−5.6%	10361.6
2021	3727.7	3.1%	11399.7
2022	4063.6	8.7%	12040.0
2023	3996.5	—	11650.0

（数据来源：马来西亚国家统计局，由国研网数据库整理[①]）

　　2015 年马来西亚公布了第 11 个五年计划（2016—2020 年），继续推进经济转型，关注改善民生。2016 年，马来西亚提出 2050 年国家转型计划（TN50），为马来西亚 2020—2050 年发展规划前景。2019 年政府提出"2030 年宏愿"，把缩小贫富差距、创建新型发展模式、推动马来西亚成为亚洲经济轴心作为三大主要目标。马来西亚统计局公告数据显示，2022 年马来西亚人均可支配收入为 22456 林吉特，按当年汇率为 34323 元人民币。[②]

---

　　① 因统计口径不同，数据可能存在误差。

　　②Department of Statistics Malaysia. Household Income Survey Report 2022 （Malaysia & States）[EB/OL]. [2024–03–01].https://www.dosm.gov.my/portal-main/release-content/household-income-survey-report--malaysia--states.

二、中马双方共建合作共赢的外交关系，为双边经贸交流和发展提供了外交支持

中国作为爱好和平的大国，始终秉持"维护世界和平，促进共同发展"的外交宗旨，坚持独立自主的和平外交政策，始终不渝走和平发展道路，始终不渝奉行互利共赢的开放战略，愿意在和平共处五项原则的基础上同包括马来西亚在内的所有国家建立和发展友好合作关系，推动建设持久和平、共同繁荣的和谐世界。

马来西亚政府在和平、人道、公正、平等的基础上推行独立、有原则、务实的外交政策，与其他国家维持友好关系，并主张根据国际法和平解决争议。马来西亚视东盟为外交政策基石，优先发展同东盟国家关系，重视发展同大国的关系。大力开展经济外交，积极推动南南合作，反对西方国家贸易保护主义。1998 年主办了亚太经济合作组织（APEC）第六次领导人非正式会议。主张 APEC 保持松散的经济论坛性质，反对其发展为地区性集团。重视东亚合作，倡导建立东亚共同体。1997 年主办了首届东盟与中、日、韩（10+3）领导人非正式会议，2005 年底主办首次东亚峰会。积极致力于东盟自由贸易区建设和湄公河盆地经济开发合作。2015 年作为东盟轮值主席国主办东盟峰会、东盟与对话伙伴国会议、东亚峰会等。2020 年主办 APEC 第二十七次领导人非正式会议。

中马两国于 1974 年 5 月 31 日正式建立外交关系。建交后，两国关系总体发展顺利。1999 年，两国签署关于未来双边合作框架的联合声明，该声明指出，双方自建交以来，在平等、互信、互利的基础上，在政治、经济、文化、教育、防务及其他领域建立了友好和实质性的关系。该声明强调，双方之间的密切交往使这种关系在友好和谐的气氛中得到

进一步加强。双方保持友好合作关系不仅符合两国人民的根本利益，也有利于亚洲和世界的和平、稳定以及社会和经济发展，在 21 世纪即将来临之际，双方同意共同制定一个未来双边合作的框架，从而在相互信任、相互支持的基础上建立全方位的睦邻友好合作关系。双方优先在进一步发展双边关系、加强高层沟通和互动机制、开展外交磋商、发展经贸关系等领域进一步加强合作。2004 年，两国领导人就发展中马战略性合作达成共识。2013 年，两国建立全面战略伙伴关系，这标志着双方在贸易、投资、旅游、教育、金融服务业、基础设施建设和防务等各领域合作迈上新台阶。这一新的伙伴关系要求双方加强接触，增进两国各领域合作。双方重申愿保持密切高层接触，深化各领域友好交流与合作，推动中马关系取得新发展。2023 年，两国宣布共建中马命运共同体，这必将开启两国关系新的历史篇章。

三、马来西亚领导人长期对华认知客观积极，为中马双边经贸发展营造友好的氛围

马来西亚自 16 世纪起先后被葡萄牙和荷兰占领，1824 年英国与荷兰签署《英荷条约》，最终确立了英国对马来群岛的霸权，同时也建立了当代马来西亚的雏形。1910 年，英国对马来群岛领土的统治模式成形。为了满足经济发展的发展需要，英国大量引入华人和印度人作为劳工。第二次世界大战中，马来半岛、沙捞越、沙巴被日本占领，以马来亚华侨为主体所建立的"马来亚人民抗日军"，是马来亚地区最重要的武装力量。第二次世界大战结束后，横扫亚洲各地的殖民地民族主义浪潮很快影响到了马来亚地区，1955 年和 1956 年，马来民族统一机构

（The United Malays National Organization，简称"巫统"，UMNO）、马来亚华人公会（Malaysian Chinese Association，简称"马华公会"，MCA）、马来亚印度人国大党（Malaysian Indian Congress，简称"国大党"，MIC）和英国共同制定了一部宪法草案，承认所有民族享有平等的公民权。1957 年 8 月 31 日马来亚联合邦宣布独立，1963 年 9 月 16 日，马来亚联合邦同新加坡、沙捞越、沙巴合并成组成马来西亚（1965 年 8 月 9 日新加坡退出）。

马来西亚历任领导人对华认知总体上保持客观积极的态度。一方面，源于"巫统"的长期执政及其对华的友好政策。马来西亚自独立后，以"巫统"为首的政党联盟国民阵线（简称"国阵"）于 1957 年至 2018 年长期执政。在"巫统"的领导下，中马双方外交关系总体上持续稳定健康发展，"巫统"领导人拉扎克、侯赛因、马哈蒂尔、巴达维及纳吉布逐渐形成了对华客观、正面、积极的认知，对华友好是"巫统"执政的理念之一。[①] 另一方面，源于马来西亚华人多，深受中华文化影响，中马两国友好交往历史悠久。郑和七下西洋五次驻节马六甲的故事在马来西亚家喻户晓，成为中马交往史上的一段佳话。据马来西亚官方统计，华人为马来西亚第二大民族。在马来西亚，除了官方语言英语外，汉语也被广泛使用。马来西亚构建了从学前教育到高等教育完整、系统的中文教育体系，是除中国外，唯一保持和实现完整中文教育的海外国家。在已举办两届的"中马大学生汉语辩论赛"中，最终都是马来西亚代表队夺得冠军。马来西亚各地都能看到浓郁的"中国元素"和"中华风情"，听到标准的普通话，以闽南、客家、潮汕、海南等群体为主的华人社会，

---

① 骆永昆 . 百年未有之大变局下的中国—马来西亚关系 [J]. 东南亚纵横，2022（6）.

很好地传承了地方语言、生活方式和风尚习俗等文化传统。每逢春节、中秋、端午等传统佳节，华人都会阖家团聚，举办各类庆祝活动。可以说，马来西亚是中华文化在海外保存得较完整的国家之一。

综上，马来西亚官方总体上始终保持对华友好政策。加之马来西亚华人数量众多，中华文化对马来西亚影响广泛而深远，在马来西亚普通人中营造了对华友好的氛围。马来西亚政府及其领导人一直保持对华客观积极的认知，这为中马双边经贸交流和发展提供了友好的氛围。

第四节　发展中马经贸合作关系面临的挑战

2023 年 3 月 18 日，RCEP 在马来西亚正式生效。根据协定，中国对马来西亚立即零关税的比例为 67.9%，马来西亚对中国立即零关税的比例达 69.9%。马来西亚国际贸易和工业部当日表示，RCEP 代表着充满活力的经济增长，将成为经济振兴的重要里程碑，将为马来西亚经济融入"世界最大自由贸易区"铺平道路。就出口收益而言，估计 RCEP 可为马来西亚出口带来额外的 2 亿美元收入，使得马来西亚成为从这项协定中受益最大的东南亚国家之一。马来西亚作为中国在东盟的第二大贸易伙伴，中国作为马来西亚的最大贸易伙伴，两国经贸合作必定会在 RCEP 协定下迎来一个新的发展阶段。但随着世界百年未有之大变局的持续演变，马来西亚政局多变不稳以及外部势力干涉"南海问题"给中马双边经贸合作带来了新的挑战。

一方面，世界局势复杂多变为中马双边经贸合作带来了不确定性。世界进入百年未有之大变局，全球话语体系和治理体系亟待重塑，以中国、俄罗斯为代表的新兴经济体国家在国际上的影响力和话语权日益增强，参与全球治理的能力和意愿也日益增强。这将引发西方发达国家的抵抗甚至打压，给全球和平与稳定带来风险。近年来，美国、日韩、欧盟等单边主义盛行，贸易保护主义、"脱钩"思想等逆全球化浪潮的兴盛对世界和平和经贸发展产生了重大的不利影响，以俄乌冲突、巴以冲突为代表的地缘政治冲突更是加剧了这种不利影响。

马来西亚是一个多民族、多文化、多语言的社会，许多种族保持着独特的文化身份，世世代代共同生活在马来西亚。虽然这些文化相互影响，塑造出真正属于马来西亚的文化，但是这种本土文化相对来说形成时间较短，凝聚力不够，容易被外来不良文化和不良思潮影响。因此，应该警惕贸易保护主义等逆全球化思潮侵入马来西亚，防止其给中马双边经贸合作和发展带来不利影响。

"南海问题"一直以来是中国与个别东盟国家国际交往中无法回避的问题之一，客观上马来西亚在"南海问题"上与中国存在一些分歧。"南海问题"同时也是域外国家时常用来挑拨中国与东南亚国家关系、渲染地区紧张氛围的敏感议题。因此，要警惕个别国家借题发挥，影响中国与马来西亚的外交关系。

另一方面，马来西亚政局的波谲云诡赋予中马双边经贸交流更多变数。以"巫统"为首的政党联盟国民阵线在 2018 年马来西亚大选中败北，失去了其在马来西亚 60 余年的执政地位，此后马来西亚政府便进入了一个"你方唱罢我登场"的局面。马来西亚政局逐渐形成了五重变化，即三足鼎立（人民公正党、民主行动党、国家诚信党组成的"希望联盟"，土著团结党、伊斯兰教党、民政党组成的"国民联盟"，"国民政协"）的政治格局初步形成、族群和多元政党制度并存、伊斯兰政党悄然崛起、东马政治地位不断提升和最高元首虚位角色日益实权化。[①] 这些新变化给未来马来西亚政局及其对华关系带来了不确定性，要予以持续关注。

① 许利平. 马来西亚政党政治新变化及其动因 [J]. 当代世界，2023（6）.

第五节 进一步推进中马经贸合作关系的政策建议

在世界局势复杂多变和马来西亚政局多变的形势下，中马两国应该继续坚定奉行独立自主的和平外交政策，推动中马双边关系不断发展，积极深化两国间政府合作和民间往来，营造友好氛围，不断推进两国双边经贸合作和发展，战胜各种不利和不确定因素，走出具有特色的经贸合作的"中马道路"。

一方面，推进中马双边关系不断发展，为双边经贸合作与发展奠定坚实的外交基础。中国正处于实现中华民族伟大复兴战略全局和世界百年未有之大变局的战略交汇期。应在促进自身经济高质量发展的同时，注重发展与世界其他国家特别是周边国家的外交关系，为实现中华民族伟大复兴营造良好的国际环境。

中国与马来西亚友谊源远流长，两国是缔结千年友谊的好邻居，是以心相交的好伙伴，也是合作共赢的好朋友，两国关系一直走在中国同东盟国家关系前列。两国良好的外交关系为双边经贸交流与发展保驾护航，在世界形势复杂多变，地缘冲突日益频发，霸权主义、民粹主义、贸易保护主义等不良思潮有所抬头的复杂形势下，中马两国要坚定地奉行独立自主的和平外交政策，增强政治互信，既不干涉对方内政，又在共同关心的重大国际问题上加强沟通与磋商，既不参与个别国家组织的针对对方的"封锁圈"，又要顺应经济发展需要，推动经贸合作与交流。

另一方面，深化官方交流和民间往来，为双边经贸交流与合作营造良好的氛围。马来西亚华人众多，中华文化影响力大，这为深化政府合作和民间往来奠定了基础。近年来，两国政府共同设立的"两国双园"成为中马双边经济合作的新模式。例如，位于马来西亚彭亨州关丹市格宾工业区内的马中关丹产业园在两国领导人关心和推动下于2013年2月设立，园内开发项目主要涉及塑料及金属行业设备、汽车零部件、纤维水泥板、不锈钢产品、食品加工、碳纤维、电子电器、通信、消费类商品以及可再生能源等领域。在12平方千米的规划土地内，已开发约10平方千米，签约项目12个，协议投资460亿元，累计完成投资约120亿元，累计完成工业总产值600亿元，分别创造临时及长期就业岗位15000个和5000个。[①]通过马中关丹产业园的设立，中国先进的技术和资本找到了在马来西亚投资的新途径，投资达成后生产的产品又大部分出口至中国，丰富了国内市场，实现了两国的合作共赢。

2023年3月31日，国家主席习近平在人民大会堂会见来华访问的马来西亚总理安瓦尔时强调，双方要不断提升高质量共建"一带一路"水平，推进重点项目，培育数字经济、绿色发展、新能源等领域合作增长点，探讨开展民生合作，使中马关系更多地惠及两国人民。安瓦尔表示，马方愿同中方全力合作，推动有关倡议落地生效，推进共建"一带一路"合作。马方愿同中方加强双边经贸合作和"两国双园"建设，借鉴中方减贫经验，加强农业现代化等领域合作。欢迎中国企业赴马投资

---

①中马友谊源远流长　命运与共谱写新篇 [EB/OL].[2024-11-25].https://cn.chinadaily.com.cn/a/202304/03/WS642a9822a3102ada8b236a23.html.

合作。^①在RCEP框架下,马来西亚政府致力于提供一个良好的生态系统,通过政策、计划与可持续发展的支持,促进本地企业进入新的行业和市场,但企业必须迅速行动,拥抱协定生效后贸易环境的变化,并抓住机遇,与中国和其他有意拓展中国巨大市场的外国公司合作,或与中国当地企业合作,共同开拓 RCEP 覆盖的巨大市场。^②目前中国正处于深化经济体制改革,实现经济转型升级和促进高质量发展的关键时期,国内存在结构性供需失衡的情况。因此,要鼓励中国企业和资本在 RCEP 框架下积极参与中马两国的相关项目建设,积极参与马来西亚基础设施建设提升马来西亚对外经贸交流的条件,积极开发棕榈油、橡胶、能源等马来西亚禀赋资源,满足国内需要,积极结合马来西亚本地实际和国内需要参与生产出口商品等。

---

① 习近平会见马来西亚总理安瓦尔 [EB/OL]. [2024–11–25].http://politics.people.com.cn/n1/2023/0401/c1024-32655629.html.

② 张伟伦 .RCEP 对马来西亚生效　中马经贸潜力有望再释放 [N]. 中国贸易报,2022–03–22.

RCEP

第九章

RCEP 框架下中国与新加坡经贸合作关系研究

新加坡共和国，简称"新加坡"，旧称"新嘉坡""星洲""星岛"，别称"狮城"，是东南亚的一个岛国，政治体制实行议会共和制。新加坡位于马来半岛南端、马六甲海峡出入口，由新加坡岛及附近63个小岛组成，其中新加坡岛占全国面积的88.5%。新加坡岛东西长约50千米，南北长约26千米，国土面积733.2平方千米。2023年末，新加坡总人口约592万人，公民和永久居民约407万人，华人占74%左右。主要民族为华族、马来族、印度族。

新加坡是典型的城市型国家，经济依靠外贸，属外贸驱动型经济体。经济以电子、石油化工、金融、航运、服务业为主，高度依赖中、美、日、欧和周边市场，外贸总额是GDP的三倍。经济曾长期高速增长，1960—1984年间GDP年均增长9%。1997年受到亚洲金融危机冲击，但并不严重。2001年受全球经济增长放缓影响，经济出现2%的负增长，陷入独立之后最严重的衰退。为刺激经济发展，政府提出"打造新的新加坡"，努力向知识经济转型，并成立经济重组委员会，全面检讨经济发展政策，积极与世界主要经济体商签自由贸易协定。2008年受国际金融危机影响，金融、贸易、制造、旅游等多个产业遭到冲击。新加坡政府采取积极应对措施，加强金融市场监管，努力维护金融市场稳定，提升投资者信心并降低通胀率，并推出新一轮刺激经济政策。2010年经济增长14.5%。2011年，受欧债危机负面影响，经济增长再度放缓。2012年至2016年经济增长率为1%—2%。2017年2月，新加坡"未来经济委员会"发布未来十年经济发展战略，提出经济年均增长2%—3%、实现包容发展、建设充满机遇的国家等目标，并制定深入拓展国际联系、推动并落实产业转型蓝图、打造互联互通城市等七大发展战略。2017年、2018年、2019年经济增长率分别达到3.5%、3.2%、0.8%。2020年受新冠疫情影响，经济衰退5.8%。2021年，新加坡经济实现强劲反弹，同比增长7.6%。2022年，国内生产总值增长率回调至3.6%。2023年GDP为4879亿美元，较上一年增长1.1%，人均GDP高达8.2万美元，是东南亚唯一一个发达国家。2023年实现货物贸易总额8739.1亿美元，服务贸易总额6067.4亿美元。[①]

新加坡是WTO创始成员国、东盟成员国、亚太经合组织成员国、英联邦成员国和RCEP缔约国。

---

① 中华人民共和国外交部 . 新加坡国家概况 [EB/OL]. [2024 –11–28]. https://www.mfa.gov.cn/ web/gjhdq_676201/gj_676203/yz_676205/1206_677076/1206x0_677078/.

第一节 中新经贸合作关系的政治基础

中国与新加坡于 1990 年 10 月 3 日建立外交关系。建交以来,两国高层交往频繁,外交关系总体发展顺利。2000 年中新建交 10 周年之际,两国政府为加强双边合作,联合发布了《中华人民共和国政府和新加坡共和国政府关于双边合作的联合声明》,该声明中制定了双方未来重点合作的领域及合作计划。在经济方面,两国政府将鼓励双方企业直接合作,并探讨在各自国内市场以外进行合作。中方欢迎新加坡企业来华投资参与西部地区开发,在基础设施建设、通信等领域探讨合作。双方将继续鼓励工商界、民间团体及青年团体的往来。

2006 年 8 月,中新双方同意开启关于建设"中国—新加坡自由贸易区"的谈判,经过两年八轮的谈判,双方正式于 2008 年 10 月签订了《中华人民共和国政府和新加坡共和国政府自由贸易协定》。这是我国与亚洲国家签署的第一个自由贸易协定,凸显了中新两国特殊的经贸关系。协定涵盖了货物贸易、服务贸易、人员流动、海关程序等诸多领域,是一份内容全面的自由贸易协定。根据协定,新加坡承诺将在 2009 年 1 月 1 日取消全部自华进口产品关税;中国承诺将在 2012 年 1 月 1 日前对 97.1% 的自新进口产品实现零关税。协定的签署是中新双边关系发展历程中的里程碑，将进一步全面推进中新双边经贸关系的发展。双方于 2015 年同意启动中新自贸协定升级谈判，并力争于 2016 年内结束谈判。历经八轮谈判，2018 年双方正式签署《自由贸易协定升级议定书》，2020 年 1 月 1 日起生效。升级后的中新自贸协定对原中新自由贸易协定原产地规则、海关程序与贸易便利化、贸易救济、服务贸易、投资、经济合作等六个领域进行了升级，并新增了电子商务、竞争政策和环境等三个领域。双方于同年启动后续谈判。①2023 年 4 月，双方实质性完成中新自贸协定升级后续谈判，后续谈判主要基于负面清单模式推动双方服务贸易和投资进一步自由化。

2015 年 11 月 6—7 日，应时任新加坡总统陈庆炎的邀请，国家主席习近平访问新加坡。其间两国联合发布《中华人民共和国和新加坡共和国关于建立与时俱进的全方位合作伙伴关系的联合声明》。声明强调经济合作是双边关系的重点领域之一，新加坡和中国将通过投资促进委员会等平台继续鼓励和推动双边经贸投资。新加坡欢迎中国企业以新加坡为平台"走出去"。双方将鼓励两国企业在"一带一路"倡议和东盟互联互通总体规划下，探索开拓第三方市场的合作模式。

2023 年 3 月 27 日至 4 月 1 日，时任新加坡总理李显龙对华进行正式访问。其间两国政府联合发布了《中华人民共和国和新加坡共和国关于建立全方位高质量的前瞻性伙伴关系的联合声明》。双方一致同意将中新关系提升为全方位、高质量的前瞻性伙伴关系，为双边关系规划未来发展、明确战略方向。该声明指出，新加坡欢迎中方支持东盟在不断演变的区域架构中保持中心地位。两国将共同努力，有效落实 RCEP，积极推进中国东盟自由贸易区 3.0 版建设，推动互利共赢的经济增长。

---

① 商务部新闻办公室 . 中国与新加坡自由贸易协定升级议定书生效 [EB/OL]. [2024-11-28]. http://fta.mofcom.gov.cn/article/singapore/singaporenews/201910/41638_1.html.

第二节　中新经贸合作关系的现状

中国与新加坡有良好的经贸交流基础，特别是"三大协定"（即中国—东盟自由贸易协定、中国—新加坡自由贸易协定和区域全面经济伙伴关系协定）的陆续签署和实施，极大地促进了中新两国的经贸合作和发展。

一、中国与新加坡商品贸易状况

新加坡是中国在东盟国家中的第五大贸易伙伴，截至 2023 年，中国连续 11 年成为新加坡最大贸易伙伴国。2023 年，中新双边贸易额为 1083.9 亿美元。其中，中方出口额为 769.6 亿美元；进口额为 314.3 亿美元。2024 年 1—3 月，中新双边贸易额为 275.2 亿美元，同比下降 2.5%。其中中方出口额为 197.4 亿美元，同比下降 7.2%；进口额为 77.7 亿美元，同比增长 12%。

表 9-1　中新双边贸易情况（2010—2023 年）

年份	出口额 / 亿美元	进口额 / 亿美元	进出口总额 / 亿美元	进出口总额 同比增长率	中国贸易顺 差 / 亿美元
2010	323.47	247.29	570.76	19.27%	76.18
2011	355.70	281.40	637.10	11.62%	74.30
2012	407.42	285.31	692.73	8.73%	122.11
2013	458.32	300.65	758.97	9.56%	157.67
2014	489.11	308.29	797.40	5.06%	180.82
2015	519.42	275.81	795.23	−0.27%	243.61
2016	445.12	260.14	705.26	−11.31%	184.98
2017	450.19	342.50	792.69	12.40%	107.69
2018	490.37	337.28	827.65	4.41%	153.09
2019	547.98	352.38	900.36	8.79%	195.60
2020	576.26	316.18	892.44	−0.88%	260.08
2021	551.03	388.20	939.23	5.24%	162.83
2022	811.70	339.60	1151.30	22.58%	472.10
2023	769.60	314.30	1083.90	−5.9%	455.30

（数据来源：海关总署数据库①）

　　根据中国海关总署数据显示，2021—2023 年，中国向新加坡出口的商品主要是汽油柴油、集成电路、浮动或潜水式钻探或生产平台和手持（包括车载）式无线电话机等。其中，集成电路出口额累计达 150.8 亿美元，汽油和柴油出口额累计近 130 亿美元。中国从新加坡进口的商品主要包括集成电路，制造和检验半导体的设备、有机化学物（如乙烯、

①因统计口径不同，数据可能存在误差。

芳烃混合物和 5-7 号柴油）和未锻造金等，其中集成电路累计进口额超过 190 亿美元，制造和检验半导体的设备累计进口额超过 105 亿美元。

二、中国与新加坡相互投资状况

根据外交部数据显示，2013 年起，新加坡连续 11 年是我国最大新增投资来源国。2022 年 4 月，新加坡首次超越日本，成为我国累计最大外资来源国。截至 2023 年底，新加坡累计在华实际投资 1412.3 亿美元，我国累计对新加坡投资 896.3 亿美元。中国对新加坡的投资重点聚集在贸易、石油、航运以及电力等行业。新加坡在中国的投资主要包括租赁和商务服务业、批发和零售业、制造业、金融业等。

除了相互投资，两国还在金融领域开展了深度合作。2010 年中国人民银行和新加坡金融管理局签署本币互换协议，互换规模为 1500 亿元人民币（约 300 亿新加坡元），2013 年续签时扩大至 3000 亿元人民币（约 600 亿新加坡元）。2012 年 6 月，中国人民银行批准新加坡金融管理局在华设立代表处。2012 年 7 月，两国签署中新自贸协定框架下有关银行业事项的换文。10 月，新加坡授予中国银行和中国工商银行新加坡分行特许全面牌照。2013 年 2 月，中国人民银行授权中国工商银行新加坡分行担任新加坡人民币业务清算行。4 月，中国工商银行新加坡分行在新人民币清算业务正式启动。5 月，新加坡金融管理局北京代表处正式揭牌。10 月，中国人民银行确定新加坡市场人民币合格境外机构投资者（RQFII）投资额度为 500 亿元人民币。2014 年 10 月，两国外汇市场正式推出人民币和新加坡元直接交易。2015 年 11 月，中方将新加坡 RQFII 额度提高到 1000 亿元人民币。2020 年

12月，新方授予中国建设银行新加坡分行特许全面牌照，中国建设银行成为第三家获得新加坡特许全面牌照的中资银行，中国也成为在新加坡拥有特许全面牌照银行最多的国家。2022年，双方续签本币互换协议，目前双方本币互换规模达3000亿元人民币（650亿新元）。[①]

表9-2　中新双边投资合作情况（2010—2022年）

年份	中国对新加坡直接投资流量/亿美元	中国对新加坡直接投资增速	新加坡对中国直接投资流量/亿美元	新加坡对中国直接投资增速
2010	11.2	−20.57%	54.3	50.83%
2011	32.7	191.96%	61.0	12.34%
2012	15.2	−53.52%	63.1	3.44%
2013	20.3	33.55%	72.3	14.58%
2014	28.1	38.42%	58.3	−19.36%
2015	104.5	271.89%	69.0	18.35%
2016	31.7	−69.67%	60.5	−12.32%
2017	63.2	99.37%	47.6	−21.32%
2018	64.1	1.42%	52.1	9.45%
2019	48.3	−24.65%	75.9	45.68%
2020	59.2	22.75%	76.8	1.19%
2021	84.1	41.90%	103.3	34.5%
2022	83.0	1.31%	106.0	2.91%

（数据来源：历年中国对外直接投资统计公报，由EPS全球统计分析平台整理[②]）

---

①中华人民共和国外交部.中国同新加坡的关系[EB/OL].[2024-11-28].https://www.mfa.gov.cn/web/gjhdq_676201/gj_676203/yz_676205/1206_677076/sbgx_677080/.

②因统计口径不同，数据可能存在误差。

第三节　中新经贸合作关系持续发展的原因

　　新加坡是亚洲第一个、全球第二个与中国签订自由贸易协定的国家，这体现了两国经贸合作的互补性、稳定性和长期健康发展的趋势。新加坡数量庞大的华人群体和两国间多样化的非经济合作进一步促进了双边经贸合作与发展。

一、中国—新加坡自由贸易协定为双边经贸合作奠定良好的基础

　　中国—新加坡自由贸易协定是中新经贸交流快速发展的主要助推器。中国与新加坡在经济方面存在优势互补情况。新加坡作为东南亚唯一的一个发达国家，居民生活水平高，对一般消费品需求大。然而由于国土面积、人口因素、自然资源等限制，新加坡传统工业较弱，一般消费品对外依赖度极高。而中国则拥有完整的工业生产体系，中国的一般消费品不仅质量高、价格低，运输到新加坡也相对便捷，这为两国的贸易交往创造了条件。随着新加坡经济的不断发展，人民生活水平的不断提高，加之中国产业转型的持续深入，中新之间的商品贸易已由原来的一般消费品扩展至集成电路、智能装备、电子产品等高端生活和生产用

品。中国与新加坡早在 2008 年 10 月就签订了自由贸易协定，是我国与亚洲国家签订的第一个国家间自由贸易协定，也是我国与其他国家签订的第二个自由贸易协定（我国与其他国家签订的第一个自由贸易协定是 2005 年 11 月 18 日的《中华人民共和国政府和智利共和国政府自由贸易协定》），这凸显了中新两国良好的经贸关系。中国—新加坡自由贸易协定后经多轮谈判、两次升级修订，目前已形成十分完善的自由贸易规则。这不仅可以极大地促进中新两国之间的贸易往来和经济合作，也将为我国与其他国家（地区）签订自由贸易协定提供参考。中国—新加坡自贸区的建立不仅有效促进了区域经济一体化的发展，同时也有利于加快双边贸易结构的调整与优化。有研究认为，中新自贸协定促使资本密集型商品与技术密集型商品在双边贸易中所占比重不断提高。随着两国之间直接投资规模的不断扩大，中国与新加坡在自动数据处理器、集成电路、办公设备部件及半导体等领域的产业内分工协作日益深化，贸易规模持续扩张。[1]

　　贸易结构的优化也促进了双方经济合作。新加坡作为世界重要的金融中心，社会资本雄厚，这些资本亟须找到新的投资目的地和项目，而正在快速崛起的中国就成为最佳投资地。因此，两国建有苏州工业园区、天津生态城和中新（重庆）战略性互联互通示范项目三大政府间合作项目，广州知识城国家级双边合作项目，以及吉林食品区、川新科技园、南京生态岛等地方合作项目。这些项目为新加坡资金投入中国提供了平台。

　　此外，为协调沟通双边经贸合作，中新建有四个副总理级的双边合

　　① 林琳，李怀琪. 中国—新加坡自由贸易区的经济效应研究 [J]. 经济问题探索，2015（11）.

作机制，分别是涉及两国各领域合作的双边合作联委会（JCBC），以及苏州工业园、天津生态城和（重庆）战略性互联互通示范项目三个政府间合作项目的协调理事会，进一步保证了双边经贸的正常交流和快速发展。

二、数量庞大的华人促进中新双边经贸合作

据新加坡官方统计，2022 年，在新加坡人口构成中，华人占有绝对优势，比重达到了 74%。华语也是新加坡的官方语言之一（英语、华语、马来语、泰米尔语都是官方语言，但是新加坡国语为马来语，行政用语为英语）。华人广泛参与新加坡政治、经济、文化等各个方面，在此期间，也将中华优秀传统文化传入新加坡，融入新加坡人民生活的各个方面。

华人在新加坡的活动具有悠久的历史。自从元朝开始，就有华人在新加坡定居。到了 14 世纪，新加坡成为马六甲苏丹王朝治下的领地，当地人口主要是马来人。然而，在 19 世纪初，东南亚国家成为西方列强的殖民地，新加坡也成为英国的殖民地。英国的殖民政权使新加坡港口成为东西方贸易的中转站，引来了大量的人口聚集，包括中国商人。19 世纪开始，中国处于内忧外患之中，人民饱受战争、饥荒与贫穷之苦，在不得已的情况之下，部分中国人不得不离开家乡，漂洋过海到新加坡经商谋生。当新加坡港口全面开放后，大批的中国贸易商船蜂拥而至，越来越多的中国人移民新加坡，其中以广东、福建、浙江和海南人居多。1821 年，首批移民的中国帆船自厦门抵达新加坡。到 1836 年，新加坡的华侨人口增至 13749 人。中国人的努力推动了新加坡经济的发展，随

着新加坡经济的发展，越来越多的中国人移民新加坡，并成立了包括新加坡中华总商会、华社自助理事会、华源会等华人社团以及众多乡亲会馆、宗亲会馆等华人组织。其中成立于 1906 年的新加坡中华总商会是新加坡本地华商华社的最高领导机构，也是影响力最大的华人社团，其在维护新加坡华商利益，推动国内外商贸、教育、文化与社区发展各个方面，都扮演着积极和重要的角色。

新加坡数量庞大以及联系密切的华人为新加坡的繁荣和发展作出了巨大贡献，也极大地促进了中新两国的经贸交流和经济合作。

三、多样化的非经济合作为双边经贸合作注入不竭动力

中新两国之间多样化的非经济合作也为双边经贸交流和发展提供了良好的支撑。政府层面，两国在干部人才培训领域的合作十分活跃，主要项目有中国赴新加坡经济管理高级研究班、中央党校中青年干部培训班赴新考察、两国外交部互惠培训项目等。2001 年，双方签署《中华人民共和国外交部关于中新两国中、高级官员交流培训项目的框架协议》，并分别于 2005 年、2009 年、2014 年、2015 年和 2019 年五次续签。2004 年 5 月，双方决定成立"中国—新加坡基金"，支持两国年轻官员的培训与交流。2009 年以来，双方已联合举办九届"中新领导力论坛"。[①] 通过上述形式的合作，两国政府工作人员加深了对彼此的了解，增强了交流合作和政治互信，为双边外交关系和经贸关系的持续健康发展奠定了基础。

---

① 中华人民共和国外交部 . 中国同新加坡的关系 [EB/OL]. [2024–11–28]. https://www.mfa.gov.cn/web/gjhdq_676201/gj_676203/yz_676205/1206_677076/sbgx_677080/.

在社会管理方面，两国联合设立了中新社会管理高层论坛，首届论坛于 2012 年 9 月在新加坡举行，双方签署关于加强社会管理合作的换文。2014 年 7 月，第二届中新社会治理高层论坛在北京举行。2016 年 5 月，第三届中新社会治理高层论坛在新加坡举行。

在科技合作方面，1988 年两国开始推行联合研究计划，迄今已经开展数十项联合研究项目，涵盖智慧城市科技、可持续或新能源技术以及癌症研究。1992 年，两国科技部门签署《科技合作协定》，次年建立中新科技合作联委会，迄今已召开 13 次联委会会议。1995 年成立"中国—新加坡技术公司"，1998 年设立"中新联合研究计划"。2003 年 10 月，中国科技部火炬中心驻新加坡代表处正式挂牌成立。2019 年 12 月，双方签署《科技创新合作执行协议》，这项五年期协议是在两国 1992 年签署的《科技合作协定》框架内制定的。根据协议，两国将重点关注联合创新与企业化活动推进科研成果的转化。

在教育合作方面，1999 年，两国教育部签署《教育交流与合作备忘录》及中国学生赴新加坡学习、两国优秀大学生交流和建立中新基金等协议，中国多所高等院校在新加坡开办教育合作项目。新加坡现有一所孔子学院（南洋理工大学孔子学院），2010 年新加坡著名学府新加坡国立大学在中国开设了第一所研究院——新加坡国立大学苏州研究院。2019 年 10 月，双方签署关于青年实习交流计划的协议。据统计，截至 2021 年，新加坡拥有超过 6.56 万名学生签证持有者，其中大部分来自中国和印度，仅中国留学生就超过 5 万人。截至 2022 年，在新加坡著名学府新加坡国立大学，共有中国留学生 2000 余人，占该校全部国际学生的 15% 以上。截至 2020 年，新加坡来华留学生达到 3.2 万人，并有持续快速上升的趋势。①

在文化合作方面，1996 年，两国签署《文化合作谅解备忘录》。2006 年，两国政府签署《文化合作协定》。合作项目每年逾 200 起。双方在文化艺术、图书馆、文物等领域的交流与合作不断深入。2018 年，中国国家文物局和新加坡国家文物局签署《合作谅解备忘录》，内容涵盖展览交流，博物馆、文化事业单位藏品管理与保护，人员交流、互访、培训，博物馆、文化事业单位研究、出版、信息和技术分享、随展文创产品研发与销售等内容。②

---

① 侯纯光. 全球留学生流动的空间演化、机理、效应与中国响应 [D]. 上海：华东师范大学，2021.

② 杨倩. 国家文物局与新加坡国家文物局签署合作谅解备忘录 [EB/OL]. [2024-11-28].https://www.mct.gov.cn/whzx/whyw/201804/t20180411_831775.htm.

第四节　发展中新经贸合作关系面临的挑战

随着中国深入推进经济体制改革和经济转型，经济发展对外依存度降低，贸易结构发生变化，中新之间的贸易互补性被削弱，中国对新加坡贸易顺差会进一步扩大。新加坡对华态度在其采取的均势外交政策背景下可能会随着中美政治、经济、军事等摩擦日益频繁变得不确定。中国与新加坡的经贸合作和发展在快速发展中面临巨大挑战。

一、中新贸易互补性被削弱

随着中国经济发展进入新的发展阶段，经济发展方式已经由原来的粗放型经济增长转变为高质量发展。在此过程中，贯彻"创新、协调、绿色、开放、共享"的新发展理念，构建"以国内大循环为主体、国内国际双循环相互促进"的新发展格局是实现经济高质量发展的重要特征。经济高质量发展将实现中国制造转变为中国创造，进而实现由工业大国到工业强国的跨越。这意味着，中国之前花费巨额金钱从国外进口高端装备的情形将会有极大的改善，这将可能影响中新的贸易往来。例如，集成电路一直以来是中新双边贸易的重要商品，贸易额占比大，经由新加坡出口至中国的集成电路主要是工艺流程较为先进的高端产品。随着中国独立生产的集成电路芯片越来越先进，并逐渐打破西方的"芯片封锁"，从新加坡进口集成电路的贸易必然呈现下降的趋势，进一步拉大中国的贸易顺差。

另一方面，随着中国的经济发展和人口红利的逐步消失，劳动力价格上升，部分劳动密集型企业或产业逐步转移至劳动力价格较为低廉的东南亚地区（如越南）。随着 RCEP 的深入发展，RCEP 成员国间关税削减、原产地规则优化，加剧产业外移现象出现，可能会加速我国劳动密集型产业如轻工、纺织、机械电子组装加工产业向东盟转移。未来，依托廉价劳动力，东盟各国将利用 RCEP 生效实施的契机积极制定策略政策，改善投资环境，力争取代中国成为全球制造业对外直接投资的优选地。此外，中国和新加坡在高端制造方面竞争力不强。中国正处于产业结构转型期，高质量发展的进程漫长，在高端制造业方面的核心竞争力不足；新加坡的制造业只占其国内生产总值的四分之一左右，主要有电子工业、石化工业等制造产业。对中新两国而言，RCEP 生效实施后高端制造业占比较大的日本和韩国在技术方面的优势会加大对两国贸易的冲击。

二、新加坡均势外交政策影响中新经贸合作的深化

新加坡是不结盟运动的成员国，奉行和平、中立和不结盟的外交政策，主张在独立自主、平等互利和互不干涉内政的基础上，同所有不同社会制度的国家发展友好合作关系。新加坡重视发展与美国、中国的外交关系，一直扮演着中美"平衡者"的身份，同时注重发展与东盟其他国家的外交关系，是中国—东盟"协调国"。新加坡高度重视东盟团结

和南海地区稳定，采取基于国家利益出发的维护自由贸易和国际法的均势外交政策。①

正是这种均势外交政策，使得新加坡对中国的外交政策出现波动。2010 年，美国强势介入"南海问题"，新加坡出于对南海航线飞行自由等考虑，在"南海问题"上配合美国引发中新两国关系摩擦，特别是新加坡对于 2016 年"南海仲裁"裁决表现出的支持态度，引起中国的强烈不满。2017 年，在中国北京举办的"一带一路"国际合作高峰论坛中，新加坡总理李显龙缺席。新加坡在"南海问题"上的偏向性外交政策，致使中新双边关系趋于紧张。随着美国"退群"的影响，单边主义政策的实施，新加坡对华外交政策也变换方向，频频向中国示好，中新关系趋于缓和，但不稳定因素仍然存在。这种关系的不稳定会显著影响中新双边贸易往来和经济合作，如 2016 年两国间的商品贸易额和经济合作金额都有大幅度的降低。

三、新加坡新生一代华人对自身华裔身份认同感下降

新加坡虽然华人众多，但新加坡对中国的认知却一直很模糊。新加坡在加入马来西亚联邦时期，在以马来人为主导的马来西亚联邦，以华人为主导的新加坡受到不公待遇，1964 年新加坡发生了严重的种族暴动，华人受到了严重的排挤。这种意识形态的分歧和冲突最终导致了新加坡被马来西亚联邦驱逐出去。在脱离马来西亚联邦独立建国之后，首任总理李光耀当时面对内外困境，选择了回避中国，亲近西方，致使新

① 李琪，谢廷宇 . 新时代中美互利共赢的经贸合作关系研究 [J]. 价格月刊，2019（6）.

加坡成为东南亚最后一个与中国建交的国家。

　　新加坡早期的领导人都将"去华化"作为执政的重要工作，在历经三代领导人的努力下，原本作为母语的华语已经沦为第二语言，新加坡华人也逐渐新加坡化和西化。随着具有故土情怀的老一辈新加坡华人老去，新一代新加坡华人更加认同自己的新加坡公民身份，坚持新加坡应作为一个独立、自主的国家，而不是被看作"华人国家"。双方公民对于对方身份认知的差异性，一旦在民族主义情绪激化或者国家利益不一致时，极有可能成为中新经贸合作进一步深化的绊脚石。①

----

① 黄智铭，杨月元."一带一路"高质量发展背景下深化中新经贸合作的路径选择 [J]. 价格月刊，2020（1）.

第五节 进一步推进中新经贸合作关系的政策建议

在新形势下，为应对中新经贸交流与合作面临的新挑战，首先，应该积极推动中国企业走出去，借助新加坡区位、经济、资本等优势，积极拓展全球市场，改善中新贸易结构。其次，应该积极引导新加坡来华企业对接中国发展战略，融入中国发展大局，拓展中新经贸交流和经济合作新渠道。最后，要加强中新两国文旅产业交流，推动中华优秀传统文化走进新加坡。

一、推动中国企业走进新加坡

新加坡是高度发达的国家，区位优势明显，市场经济运行机制相对完善，生产技术水平较高，工业基础较好，制造业产品主要包括电子、化学与化工、生物医药、精密机械、交通设备、石油产品、炼油等产品。但新加坡劳动力成本较高，适合发展资本密集型和技术密集型产业。因此，应积极鼓励中国相关企业到新加坡投资，参与国际分工与合作。此外，新加坡作为一个高度自由的经济体，积极与世界主要经济体商签自由贸易协定。在此背景下，在 RCEP 框架下推动中国企业走进新加坡，借助新加坡的人才优势、资本优势、区位优势等发展出口加工产业，有利于改善中新贸易结构和中国企业拓展全球市场。

新加坡是国际著名的金融中心，金融市场高度发达。而我国专业金融人才相对匮乏，金融风险控制体系尚待完善，因此，应该鼓励我国金融企业入驻新加坡，学习和借鉴新加坡丰富的金融风险管理、控制经验理论，从而为我国培养高素质金融人才，提高我国金融业服务实体经济的能力。

近年来，服务贸易在中新经贸往来中的占比越来越高，但我国服务贸易仍处在初级发展阶段，目前，我国服务贸易产业类型依然仅限于传统的运输和旅游业，新兴服务业占比仍然较低，且国际竞争能力较弱，而世界服务贸易正由传统服务贸易类型向现代新兴服务贸易类型转变。我国企业只有积极"走出去"，学习和借鉴新加坡先进的技术经验，扩大现代新兴服务业出口，才能不断优化服务贸易的出口结构，从而增强我国服务贸易的综合国际竞争力。①

二、拓展中新经贸交流和经济合作新渠道

随着经济发展和产业转型，中国已经从原来通过商品贸易，转向通过数据和新的生产要素拉动经济增长，例如在金融创新、技术创新、生物医药、人工智能和低碳新能源这些领域上，中国都有巨大的发展潜力。新加坡在生物制药、智慧城市、绿色发展等领域有着先发优势，而中国的光伏发电、电动汽车产业在全球领先，与新加坡发展理念相契合。在

---

① 鄢波，杜军，杨柳青.中国—新加坡自由贸易区经济效应分析 [J].广西财经学院学报，2017（5）.

这些领域加强中新双边合作，拓展合作新渠道，既符合两国发展利益，又能够为中新贸易往来和经济合作注入新的动力。

另一方面，积极引导来华投资的新加坡企业融入中国区域发展战略。目前，中国与新加坡合作的政府项目主要集中在东部发达地区和西部重点城市，而缺乏对欠发达地区的投资。因此，要以"西部大开发""振兴东北老工业基地""长江经济带"等国家战略为依托，制定相关政策和措施，创新合作形式，引导新加坡资本和企业与中西部地方政府和企业合作，加快中新双边经济合作整体纵深发展。

三、加强两国文旅产业交流，共同繁荣中华优秀传统文化

中国是新加坡第一大游客及旅游收入来源国，中新文旅产业规模及增长速度飞快。2023 年 1—9 月，新加坡入境的中国旅客达 100 万人次，恢复至 2019 年同期的 35% 水平，中国也重回新加坡入境游客源地榜单第二。新冠疫情爆发前的 2019 年，新加坡入境的中国旅客超过 360 万人次，占新加坡全年接待外籍游客总数的五分之一。庞大的中国游客团队在休闲观光的同时，也将中华优秀传统文化源源不断地传入新加坡。2015 年由中国国家主席习近平与新加坡荣誉国务资政吴作栋共同揭牌的新加坡中国文化中心成为中新两国在人文领域交流的重要成果。

两国政府及各自的地方政府应增补文旅产业融合发展的战略协议、备忘录等，建立更全面的合作机制，将文化交流及文旅产业合作上升为双边的优先合作领域。加强两国文旅产业专家互访交流，建立智力库，定期或不定期举办研讨会、文化节等双边文化交流活动。以互联网为手段，在文旅人才、文旅咨询、文物保护单位、文化创意产业等方面搭建

人文交流平台，促进双边文旅产业创新融合发展。调整文旅产业供给结构，打造文旅精品路线和产品，加强品牌化、精品化建设，双边共同推介符合两国普通民众需要的文旅产品。创新文旅产业融合模式，突出做大特色文旅产业，增进两国民众友好感情。①

---

① 黄智铭，杨月元.“一带一路”高质量发展背景下深化中新经贸合作的路径选择 [J]. 价格月刊，2020（1）.

RCEP

第十章

RCEP 框架下中国与菲律宾经贸合作关系研究

菲律宾共和国，简称"菲律宾"，位于亚洲东南部。北隔巴士海峡与中国台湾遥遥相对，南和西南隔苏拉威西海、巴拉巴克海峡与印度尼西亚、马来西亚相望，西濒南海，东临太平洋。共有大小岛屿7000多个，是名副其实的"千岛之国"。

菲律宾实行总统制。总统是国家元首、政府首脑兼武装部队总司令。国内政局总体稳定。全国划分为吕宋、维萨亚和棉兰老三大部分。全国设有首都地区、科迪勒拉行政区、棉兰老穆斯林自治区等18个地区，下设81个省和117个市。首都为大马尼拉市，2022年人口约1.1亿人。

菲律宾经济发展水平不高，农业生产易受到台风等自然灾害影响，工业生产水平较为落后，第三产业在国民经济中地位突出，服务业产值约占国内生产总值的60%。另外，菲律宾是全球主要劳务输出国之一。据统计，在海外工作的菲律宾劳工约有230万人，其中约24%在沙特阿拉伯工作，16%在阿联酋工作。20世纪60年代后期采取开放政策，积极吸引外资，经济发展取得显著成效。但是后来受西方经济衰退、国内政局动荡、政府腐败、新冠疫情等因素影响，菲律宾经济出现较大波动。2022年新当选总统的马科斯执政后，将疫后复苏和经济发展作为首要任务，聚焦农业、能源等重点领域发展，经济保持较高增速，但也面临高通胀、高债务、高失业率、粮食和电力价格居高不下等问题。[1]

2023年4月3日，菲律宾向东盟秘书长正式交存RCEP核准书。根据RCEP规定，协定将自核准书交存之日起60天后，即6月2日对菲律宾生效。菲律宾是WTO创始成员国、东盟成员国和亚太经合组织成员国。

---

① 中华人民共和国外交部. 菲律宾国家概况 [EB/OL]. [2024-11-28]. https://www.mfa.gov.cn/web/gjhdq_676201/gj_676203/yz_676205/1206_676452/1206x0_676454/.

第一节　中菲经贸合作关系的政治基础

中国同菲律宾于 1975 年 6 月 9 日建交。建交以来，中菲关系总体发展顺利，各领域合作不断拓展。建交当天，两国签署了贸易协定，制定了双方货物贸易的规则。协定指出双方应在本协定和各自国家现行有效的法律、条例的范围内，促进两国经济贸易关系的发展；并且双方在有关两国贸易的关税和其他捐税方面，应在完全对等的基础上相互给予最惠国待遇。

1996 年江泽民主席对菲律宾进行国事访问，中菲就"南海问题"达成"搁置争议，共同开发"共识，建立睦邻互信合作关系。2000 年双方签署联合声明，确定建立长期稳定关系，强调促进贸易、投资及工业合作。2007 年中菲签订《关于扩大和深化双边经济贸易合作的框架协定》，中菲贸易联合委员会更名为中菲经贸联委会并成立经济合作工作组。2008 年全球金融危机爆发，2011 年中菲认为拓展经贸合作具重要意义，确定多个合作领域。但 2012 年"黄岩岛事件"及"南海仲裁案"使中菲关系跌至冰点，双边经济合作项目暂停，中菲经贸联委会停止工作。2016 年菲律宾总统杜特尔特上任后访华，签署联合声明，重申建交公报原则，恢复包括中菲经贸联委在内的多个双边对话机制，中菲经贸合作重回正轨。

2018 年 11 月 20 日至 21 日国家主席习近平应杜尔特尔总统邀请访问菲律宾。访问期间，两国领导人举行会谈，回顾中菲友好交往历史，规划两国关系未来发展，并就共同关心的地区和国际问题交换意见，达成重要共识，并签署了《联合声明》和《共建"一带一路"合作谅解备忘录》，双方将通过共建"一带一路"合作，将经济互补优势、人文交流优势等转化为务实合作优势，在各自现代化进程中交融互促，共同实现可持续发展和繁荣。2023 年 1 月双方续签了《共建"一带一路"合作谅解备忘录》。

总之，中菲关系虽历经波折，但始终在努力通过合作实现共同发展和繁荣。

第二节　中菲经贸合作关系的现状

中国与菲律宾双边经贸经过长期的发展，已取得较大成果。目前，中国是菲律宾第一大贸易伙伴、第一大进口来源地、第二大出口市场。但中菲之间的直接投资规模较小，波动较大，尚处于起步阶段。

一、中国与菲律宾商品贸易现状

2023 年，双边贸易额达 719 亿美元。其中，中国出口额为 524.1 亿美元，进口额为 194.9 亿美元。2024 年 1—8 月，中国与菲律宾双边货物进出口额为 470.79 亿美元，相比上年同期减少了 11.12 亿美元，同比下降 1.3%。其中，中国出口额为 346.99 亿美元，相比上年同期减少了 9.24 亿美元，同比下降 1.3%；中国进口额为 123.8 亿美元，相比上年同期减少了 1.88 亿美元，同比下降 1.3%。

表 10-1　中菲双边贸易情况（2010—2023 年）

年份	出口额 / 亿美元	进口额 / 亿美元	进出口总额 / 亿美元	进出口总额 同比增长率	中国贸易顺差 / 亿美元
2010	115.40	162.22	277.62	35.17%	−46.82
2011	142.55	179.92	322.47	16.16%	−37.37
2012	167.31	196.44	363.75	12.80%	−29.13
2013	198.68	181.82	380.50	4.60%	16.86
2014	234.74	209.84	444.58	16.84%	24.90
2015	266.71	189.66	456.37	2.65%	77.05
2016	298.43	173.96	472.39	3.51%	124.47
2017	320.66	192.39	513.05	8.61%	128.27
2018	350.37	206.12	556.49	8.47%	144.25
2019	407.64	201.99	609.63	9.55%	205.65
2020	418.82	193.35	612.17	0.42%	225.47
2021	572.85	247.61	820.46	34.02%	325.24
2022	646.70	230.40	877.10	6.90%	416.30
2023	524.10	194.90	719.00	−18.03%	329.20

（数据来源：海关总署数据库[①]）

　　根据商务部消息，中国从菲律宾进口的前三大类商品分别为电子产品、矿砂和机械，三类产品进口额之和占总进口额的 70% 以上。此外，近年来以香蕉和菠萝为代表的农产品占中菲贸易的比重也越来越大，中国已稳居菲律宾农产品第三大出口市场，菲律宾则成为中国香蕉和菠萝

---

　　① 因统计口径不同，数据可能存在误差。

的最大进口来源国，椰子、牛油果、冷冻水果和新鲜榴莲等也相继进入中国市场，为中国消费者提供了更为丰富的选择，也给菲律宾农业的发展注入强劲需求动力。中国向菲律宾出口的产品则较为分散，表现出中国出口对菲律宾经济社会发展需求的广泛响应和满足，其中排名前三位的是钢铁、电子产品和机械。

但是中菲两国的发展差距造成贸易顺差越来越大。经过改革开放以来 40 多年的发展，中国经济取得了举世瞩目的成就。中国不仅早在 2020 年底就全面解决了绝对贫困问题，经济发展更是在新冠疫情期间保持正增长。菲律宾经济发展水平较为落后，工业水平不高，为出口导向型经济，对外部市场依赖较大。2023 年菲律宾 GDP 约为 4371.5 亿美元，较上一年增长 5.55%，人均 GDP 约为 3725.55 美元，较上一年增长 3.95%。菲律宾贫困率居高不下，据菲律宾统计署报告，2021 年上半年约有 2614 万菲律宾人生活在贫困线以下，高于 2018 年同期的 2226 万。[①] 而菲律宾社会气象站发布的 2023 年 9 月 28 日至 10 月 1 日在全国范围内对 1200 人展开面对面调查的报告显示，48% 的受访者认为自己很穷，27% 认为已经处于贫穷边缘，25% 认为不贫穷。其中棉兰老岛自认贫困的家庭达到 61%，而末狮耶地区为 59%、吕宋岛为 39%、首都区为 38%。

历史上，菲律宾曾经有过经济辉煌时期。20 世纪 50 年代，菲律宾凭借"亚洲海洋"中心的区位优势，依靠美国的扶持大力发展出口工业，制糖业、烟草业、食品业等行业先后开始快速发展。菲律宾经济发展经历了一段"黄金时期"，经济飞速发展，人民生活水平相对较高，甚至

---

① 中华人民共和国外交部 . 菲律宾国家概况 [EB/OL]. [2024–11–28]. https://www.mfa.gov.cn/web/gjhdq_676201/gj_676203/yz_676205/1206_676452/1206x0_676454/.

一度被西方人称为"亚洲典范"。例如，1953 年菲律宾人均 GDP 达到 208 美元，仅次于日本的 222 美元，排名亚洲第二（同年中国人均 GDP 仅为 142 元人民币，按当年汇率计算约合 54 美元）。[①]在经济腾飞的年代，菲律宾首都马尼拉也成了东南亚乃至整个亚洲屈指可数的大城市，正因为如此，亚洲开发银行将总部设在了马尼拉。

到了 20 世纪 60 年代中后期，由于美国扶持重心转移至韩国和日本，加上菲律宾土地改革失败导致的社会矛盾日趋激化，政局动荡混乱，菲律宾经济迅速衰退。60 年代末期，菲律宾在政治、经济与社会各方面都出现了混乱，各种反政府团体群起，整个社会面临瓦解。而时任总统马可仕在权衡政治形势后于 1972 年 9 月 12 日宣布戒严。过去进口替代型的工业化模式再也无力推动菲律宾的经济增长。而菲律宾的内需市场也因为长期的财富分配不公而无法扩大。菲律宾陷入发展的泥潭。随后菲律宾开始发展外向型经济，积极吸引外资，鼓励出口加工业发展，这一政策使菲律宾经济稍有起色。1973—1979 年，菲律宾 GDP 年均增长率达到 6.9%。1982 年，菲律宾人均 GDP 达到 620 美元，被世界银行列为中等收入水平发展中国家。但到了 80 年代中期，由于政府兴建工程项目，而忽视了出口加工业的发展，对外贸易萎缩和国际收支逆差扩大，经济下滑，1984—1986 年连续三年出现负增长。

1986 年，华裔女总统科拉松·阿基诺上台。在经济领域，把发展农业放在首位，重视鼓励和扶持劳动密集型企业和中小企业发展；实行土地改革，将部分国有企业私有化；改革税收制度；放宽外国投资条件，建立出口加工区等。经过一番经济改革，菲律宾经济迅速回升，直

---

①[日] 梶原弘和.菲律宾的经济开发及其经济结构 [J].汪慕恒，译.东南亚研究，1991（2）.

到 1993 年彻底走出了萧条，迎来了一段经济繁荣时期，贫困率也有所下降。[①]但是 1997 年席卷亚洲乃至全世界的亚洲金融危机爆发，菲律宾经济再次遭受重创，失业率急剧上升，长期稳定在 12% 左右。失业导致贫困，贫困率从 1997 年的 31% 上升到 2000 年的 34%。[②]

进入 21 世纪后，菲律宾经济也经历过繁荣时期（例如 2012 年至 2018 年，GDP 年增长率维持在 6% 以上），但受西方经济衰退、国内政局动荡、政府腐败、新冠疫情等因素影响，菲律宾经济发展整体波动较大，与包括中国在内的周边地区发展的差距也越来越大。经济发展的差距也体现在贸易结构中，中国从菲律宾进口的商品主要为低端电子产品、机械零件和矿产资源以及农产品，这些产品技术含量低、附加值低。而中国则向菲律宾出口技术含量高、附加值高的高端电子产品，优质钢铁和大型机械等产品，从而在中菲商品贸易中出现中国顺差的现象，且随着中菲两国发展差距的拉大，中国顺差也会继续拉大。

二、中国对菲律宾投资现状

中菲双方相互投资规模较小，波动较大。目前，中国在菲律宾投资规模较大的项目包括国网公司参与菲律宾国家电网特许经营权（中外方股比 2∶3）、中国电信参与菲律宾第三家电信运营商（中外方股比 2∶3）、攀华集团投资综合性钢厂项目（中方独资）等。而菲律宾在华投资规模较大的企业包括 SM 集团、上好佳集团、快乐蜂集团、GT 集团等。

---

①范若兰,陈妍.掌权之后:东南亚女总统与民主转型的性别分析[J].妇女研究论丛,2012(1).
②杨维中.1999—2000 年菲律宾经济的发展与展望[J].南洋资料译丛，2000（4）.

表 10-2　中菲双边投资合作情况（2016—2022 年）

年份	中国对菲律宾直接投资流量 / 亿美元	中国对菲律宾直接投资增速	菲律宾对中国直接投资流量 / 亿美元	菲律宾对中国直接投资增速
2016	0.32	33.33%	0.11	−71.79%
2017	1.09	240.63%	0.29	163.64%
2018	0.59	−45.87%	1.99	586.21%
2019	−0.04	−106.78%	2.76	38.69%
2020	1.40	—	0.52	−81.16%
2021	1.52	8.57%	0.24	−53.85%
2022	2.70	77.63%	0.10	−58.33%

（数据来源：中国商务部、菲律宾中央银行）

三、中国对菲承包工程现状

　　菲律宾基础设施较为落后，这也是阻碍菲律宾经济和对外贸易发展的重要因素之一。近年来，菲政府投入大量资金修建基础设施，以促进菲律宾经济复苏和繁荣发展。特别是 2017 年 4 月 18 日，菲律宾总统杜特尔特上台之后，颁布了一项名为"Build，Build，Build！"的新政（简称"BBB"计划），即大规模修筑基础设施投资计划，计划在六年内投资 8.4 万亿比索（约合 1660 亿美元），在全国进行基础设施建设。"BBB"计划包括 104 个国家重点基础设施项目，涵盖铁路、机场、港口、农业灌溉、水利、道路桥梁等多个领域。在基础设施建设方面有突出表现的中国企业，成为菲律宾"BBB"计划的最大承包商。中国企业丰富的建筑经验和相对低廉的合同成本等优势，取得了菲律宾多项重大基础设施的建设施工权。据统计，菲律宾"BBB"计划实施的六年内，中国在菲承包工程新签合同额增长近三倍，2021 年和 2022 年新签合同额均突破 100 亿美元。

表 10-3   中国企业在菲律宾承包工程情况（2019—2022 年）

年份	新签合同额 / 亿美元	同比增长率	营业额 / 亿美元	同比增长率
2019	62.4	102.0%	27.6	39.9%
2020	96.0	53.8%	28.3	2.5%
2021	111.1	15.7%	32.5	14.8%
2022	105.1	−5.4%	33.1	1.85%

（数据来源：中国商务部）

中国企业承包或参加建设的项目主要有总投资 100 亿美元、一期工程投入 40 亿美元的桑格里国际机场（中国交建参建），投资 28 亿美元的菲律宾国家铁路南线长途铁路（中铁联合体承建），投资 3.5 亿美元（中国提供优惠贷款）的达沃—萨马尔岛大桥（中国路桥集团承建）和超 2.5 亿美元的中吕宋高速公路（中国路桥集团参建）等。

第三节　中菲经贸合作关系持续发展的原因

中国和菲律宾隔海相望，两国在地理上的邻近性以及悠久的交往历史为双方的经贸合作奠定了基础。近年来，中菲经贸合作关系持续发展，在贸易、投资、基础设施建设等领域取得了显著成果。这种良好的发展态势得益于多方面的因素，本文将从经济互补性、政策支持以及人文交流三个方面深入分析中菲经贸合作关系持续发展的原因。

一、中菲两国的经济结构互补性强

第一，中菲两国资源禀赋互补。菲律宾拥有丰富的自然资源，如矿产资源、农产品资源和海洋资源等。菲律宾的镍矿储量丰富，在全球镍矿市场中占据重要地位。同时，菲律宾的热带水果如香蕉、菠萝、芒果等品质优良，深受国际市场欢迎。此外，菲律宾作为一个群岛国家，拥有广阔的海域和丰富的海洋生物资源。中国作为世界上最大的制造业国家之一，对原材料的需求巨大。菲律宾的镍矿等矿产资源可以满足中国制造业发展的需求。同时，中国庞大的消费市场为菲律宾的农产品和水产品提供了广阔的销售渠道。这种资源禀赋的互补性为中非经贸合作提供了坚实的基础。

第二，中非两国产业结构互补。中国在制造业、基础设施建设等领域具有强大的实力和丰富的经验。中国的制造业涵盖了从传统的轻工业到高端装备制造等多个领域，能够为菲律宾提供各类工业产品和设备。在基础设施建设方面，中国拥有先进的技术和丰富的施工经验，能够为菲律宾建设高质量的交通、能源、通信等基础设施。而菲律宾的服务业相对发达，尤其是旅游业和外包服务业。菲律宾拥有美丽的自然风光和丰富的历史文化遗产，吸引了大量的国际游客。此外，菲律宾的英语普及程度较高，劳动力成本相对较低，在服务外包领域具有一定的竞争力。中非两国产业结构的互补性为双方的经贸合作提供了广阔的空间。[①] 中国可以向菲律宾出口工业产品和设备，参与菲律宾的基础设施建设，同时也可以从菲律宾进口农产品、水产品和服务等。菲律宾可以借助中国的制造业和基础设施建设能力，提升自身的经济发展水平，同时也可以向中国出口服务和特色产品，实现互利共赢。

第三，中非两国市场需求互补。中国拥有庞大的国内市场，随着中国经济的持续发展和人民生活水平的提高，对各类商品和服务的需求也不断增长。菲律宾的特色农产品、水产品、旅游服务等在中国市场上具有一定的竞争力。同时，中国的工业产品和设备也可以满足菲律宾国内市场的需求，尤其是在基础设施建设、制造业发展等领域。菲律宾的市场规模虽然相对较小，但也具有一定的潜力。菲律宾的中产阶级不断壮大，对消费品质的要求也在不断提高。中国的优质工业产品和消费品可

---

①祁怀高,刘青尧.近年中菲经贸关系的特点、影响因素与因应之策[J].东南亚研究,2017(5).

以满足菲律宾中产阶级的需求。此外，菲律宾的企业也可以在中国市场寻找商机，拓展业务领域。中菲两国市场需求的互补性为双方的经贸合作提供了持续的动力。双方可以通过贸易往来满足各自市场的需求，同时也可以通过投资合作共同开拓第三方市场，实现互利共赢。

二、中菲两国的政策支持力度大

第一，中菲两国政府的积极推动。中菲两国政府高度重视双边经贸合作，积极推动相关政策的制定和实施。中国政府鼓励企业"走出去"，参与"一带一路"建设，加强与沿线国家的经贸合作。菲律宾政府也出台了一系列政策，吸引外国投资，促进经济发展。中菲两国政府通过高层互访、经贸合作论坛等形式，加强沟通与协调，为双方企业的合作创造良好的政策环境。同时，两国政府还积极推动在基础设施建设、能源开发、农业合作等领域的项目合作，为中菲经贸合作提供了有力的支持。

第二，"一带一路"倡议的推动。"一带一路"倡议为中菲经贸合作带来了新的机遇。菲律宾是"21世纪海上丝绸之路"的重要节点国家，中菲两国在"一带一路"框架下开展了广泛的合作。在基础设施建设方面，中菲两国合作建设了多个项目，如达沃—萨马尔岛大桥项目、卡利瓦大坝项目等。这些项目的建设将极大地改善菲律宾的交通状况和能源供应，为菲律宾的经济发展提供有力的支持。在贸易领域，"一带一路"倡议促进了中菲贸易的便利化。双方通过加强海关合作、简化贸易手续等方式，降低贸易成本，提高贸易效率。同时，"一带一路"倡议还推动了中菲在电子商务、数字经济等领域的合作，为双方贸易的发展注入了新的动力。在投资领域，"一带一路"倡议吸引了更多的中国企业到菲律宾投资兴业。中国企业在菲律宾的投资涵盖了基础设施建设、能源开发、制造业等多个领域，为菲律宾的经济发展提供了资金和技术支持。

第三，区域经济合作的推动。中菲两国都是亚太地区的重要国家，积极参与区域经济合作。东盟是菲律宾的重要经济伙伴，中菲两国在东盟框架下开展了广泛的合作。中国—东盟自由贸易区的建设为中菲经贸合作提供了良好的平台。双方通过降低关税、消除贸易壁垒等方式，促进了贸易的自由化和便利化。[①]同时，中国—东盟自由贸易区还推动了中菲在投资、服务贸易等领域的合作，为双方经济的发展带来了新的机遇。此外，中菲两国还积极参与亚太经合组织、RCEP等区域经济合作机制，加强在贸易、投资、技术创新等领域的合作，共同推动亚太地区的经济发展。

三、中菲两国的人文交流频繁密切

第一，中菲两国历史文化渊源深厚。中菲两国有着悠久的交往历史，早在古代，两国之间就有贸易往来和人员交流。菲律宾的华人华侨在菲律宾的经济、文化等领域发挥了重要作用，为中菲两国的交流与合作搭建了桥梁。华人华侨将中国的文化、技术等带到了菲律宾，促进了菲律宾的经济发展和社会进步。同时，菲律宾的文化也对中国产生了一定的影响，丰富了中国的文化内涵。这种历史文化渊源为中菲经贸合作提供

---

① 曹云华，王琴.杜特尔特政府执政以来中菲关系发展、演变及前景 [J].广东农工商职业技术学院学报，2020（1）.

了深厚的人文基础。

第二，中菲两国在教育领域的交流与合作不断加强。越来越多的菲律宾学生到中国留学，学习汉语、中国文化和专业知识。同时，中国也有一些学生到菲律宾学习，了解菲律宾的文化和社会。教育交流合作不仅增进了两国人民之间的相互了解和友谊，也为中菲经贸合作培养了人才。这些留学生在毕业后可以成为中菲经贸合作的桥梁和纽带，为双方的企业合作提供语言、文化和专业知识等方面的支持。

第三，中菲两国在旅游交流合作方面取得了积极进展。中菲两国都是旅游资源丰富的国家，旅游交流合作不断加强。菲律宾的美丽海滩、热带雨林、历史文化遗迹等吸引了大量的中国游客。同时，中国的悠久历史、壮丽河山、丰富文化也吸引了不少菲律宾游客。2023 年，两个相关部门签署了《中华人民共和国文化和旅游部和菲律宾共和国旅游部旅游合作谅解备忘录执行计划 （2023—2028）》，这一计划为双方旅游合作注入了强大动力，明确了未来五年两国在旅游领域的合作方向和重点。旅游交流合作不仅促进了双方旅游业的发展，也增进了两国人民之间的相互了解和友谊。旅游业的发展又带动了贸易、投资等领域的合作，为中菲经贸合作提供了新的动力。

第四节　发展中菲经贸合作关系面临的挑战

在中菲双边关系中，"南海问题"一直是最难解决的问题。2022年以来，"南海问题"风波又起致使中菲关系再次紧张，加之菲律宾对华出口商品竞争越来越激烈，中菲两国缺乏足够的民间交流，这些都给本就脆弱的中菲双边经贸合作和经济交流的发展前景蒙上了阴影。

一、"南海问题"是阻碍中菲经贸交流合作的最大障碍

中国与菲律宾在"南海问题"上分歧较大。中国历史古籍记载了中国人民在南海的活动，包括对南海诸岛的命名及持续开发利用，如中国渔民形成相对固定的命名体系，许多外国文献也记录了曾经只有中国人在南沙群岛生产生活。中国还是最早持续对南海诸岛及相关海域进行管理的国家，通过多种手段进行有效管辖，历代政府在官方地图上将其标绘为中国领土。[①]

---

① 中华人民共和国外交部.中华人民共和国政府关于在南海的领土主权和海洋权益的声明[EB/OL]. [2024-11-28].https://www.fmprc.gov.cn/nanhai/chn/snhwtlcwj/201607/t20160712_8521049.htm.

然而，新中国成立初期，中国政府无力有效统治和开发南海诸岛，周边国家乘虚而入，侵占中国固有领土。20 世纪 50 年代以来，菲律宾以各种理由对我国南沙岛礁提出主权要求，通过 "探险"、资源开发和军事占领等方式声索、控制部分岛礁。"克洛马事件" 后，菲律宾觊觎南海部分岛礁及附近海域，1978 年单方面宣布将中国南沙群岛部分岛礁划归菲律宾管辖并命名。1997 年，菲律宾禁止中国渔船进入黄岩岛，后又炮制 "黄岩岛事件" 和 "南海仲裁案" 闹剧，加剧与中国的矛盾冲突，使中菲关系跌至冰点。经过杜特尔特总统任期内的修复，中菲关系重回正轨。近年，马科斯政府又借"仁爱礁'坐滩'"事件蓄意挑起与中国的 "南海争端"，对中菲关系产生了不利影响。

二、菲律宾面临出口替代者的竞争，中国贸易顺差将进一步拉大

菲律宾工业水平不高，出口的产品主要包括矿产品、木材、橡胶、水果、鱼类和中低端电子产品。这些产品技术含量不高，面临很大的市场竞争。随着中菲关系的波动和不确定，中国将会积极寻求其他进口市场，从而相对降低对菲律宾的进口。例如，在水果进口中，随着中国与中南半岛相继开通铁路，近年来中国逐渐增加对越南、泰国和老挝等东南半岛国家的水果进口量，加之中国本土水果品种的培育和规模化种植，导致对菲律宾水果的进口相对减少，中国已由菲律宾水果第二大出口目的地下降为第三大出口目的地。其他进口产品也如此，随着中南半岛国家的日益发展和中国交通设施的修建，可以预见的是，未来中国从菲律宾进口的商品总额将会进一步减少，中国在中菲贸易中的顺差会越来越大。

三、中菲人文交流及民间合作有待加强

中国与东南亚其他国家都保持着十分紧密的人文交流和民间合作关系，这为中国与当地发展经贸交流营造了良好氛围。与此形成鲜明对比的是，中国与同处东南亚的菲律宾人文交流相对匮乏，民间合作相对薄弱。这与中菲之间大幅波动的外交关系是分不开的，而中菲之间的外交关系又取决于菲律宾政府的对华的态度。

其实，在菲律宾，拥有华人血统的人口占总人口的 20% 左右。中菲结有 38 对友好省市，但菲律宾汉语教育不发达，加上深受美国影响，致使大部分华人已经逐渐演变成真正的"菲律宾人"，从而缺乏对华认同感。近年来，中菲人文交流和民间合作有所加强，2022 年 6 月，马科斯作为当选总统与阿罗约前总统、埃斯特拉达前总统共同出席第二届"中菲相知奖"颁奖仪式。中菲双方还举办了"中菲马尼拉论坛"、中国电影节等丰富多彩的人文活动。2022 年 11 月，菲律宾举办了国际中文教育成果展，马科斯总统出席展览并发表中文致辞。菲律宾各地也掀起中文学习热潮，吸引各界人士踊跃投身中菲友好事业。

但总体来说，中菲之间的人文交流和民间合作处于较低水平，这又成为阻碍中菲经贸发展的一个重要因素。

第五节　进一步推进中菲经贸合作关系的政策建议

基于上述分析，中菲两国政府妥善处理"南海问题"，是进一步推进中菲经贸交流和经济合作的核心，把"南海问题"对两国外交关系、经贸合作和民间交流的影响降到最小。同时，要积极推动中国企业去菲律宾投资，参与当地的农渔业、基础设施、电子商务、旅游等领域的发展。另外，要加强双边非经济合作与交流，为双边经贸交流和经济合作营造友好氛围。

一、妥善处理"南海问题"争议

"南海问题"是中国与菲律宾双边关系的核心议题之一，妥善处理好"南海问题"不仅关乎中菲两国包括经贸合作在内的双边关系，也关乎地区乃至世界的和平稳定。中国在"南海问题"上的立场是一贯的，即在尊重历史事实的基础上，根据国际法，通过谈判协商和平解决南海有关争议。中国愿同有关直接当事国尽一切努力作出实际性的临时安排，包括在相关海域进行共同开发，实现互利共赢，共同维护南海和平稳定。

2023 年 1 月 4 日，习近平主席在北京会见菲律宾总统马科斯时强调，要坚持从战略和全局高度看待中菲关系，希望双方做互帮互助的好邻居、相知相近的好亲戚、合作共赢的好伙伴。"南海问题"是中国和南海有关当事国之间的争议，应该由争议双方自主、和平地解决，而不应该允许外部势力干涉。因此，中菲两国应在尊重历史的基础上，就双方存在分歧的问题展开独立自主的友好讨论和磋商，把"南海问题"对两国外交关系、经贸合作和民间交流的影响降到最小。

二、积极鼓励和引导中国企业走进菲律宾

菲律宾自然资源丰富，铜蕴藏量约 48 亿吨、镍 10.9 亿吨、金 1.36 亿吨。劳动力丰富且价格低廉，菲律宾拥有数量众多、受过教育、懂英语的劳动力。据联合国最新统计，2019 年，菲律宾 15 岁以上居民识字率达到 96%，在东盟国家中仅略低于新加坡。菲律宾普通劳动者最低日薪为 570 比索（约 73.3 元人民币），其中马尼拉地区的工资水平最高，日平均工资约为 700 比索（约 90 元人民币）。菲律宾有较为完善的经营法律法规。[①]目前菲律宾政府正大力发展经济，制定大力度优惠政策吸引外资参与经济发展和基础设施建设。

2023 年，两国政府表示，要加强在农渔业、基础设施、电子商务、旅游等领域的合作。因此应积极引导中国企业走出去，在上述领域与菲律宾开展深度合作。但在菲律宾投资过程中要尊重菲律宾本地语言文化和宗教信仰，选择基础设施较为完善、安全局势较为稳定、政策优惠力

---

① 商务部国际贸易经济合作研究院，中国驻菲律宾大使馆经济商务处，商务部对外投资和经济合作司.菲律宾投资指南（2023 年版）[EB/OL].[2024-11-28].https://www.mofcom.gov.cn/dl/gbdqzn/upload/feilvbin.pdf.

度大的地区进行投资。

三、推进中菲双边人文交流与合作

"交情郑重金相似。"中菲两国自 1975 年建交以来，双边关系在一路坎坷中向前发展。自杜特尔特政府以来，菲律宾重新审视了中菲关系，开始重视对华关系，着力改善中菲关系。中菲双方需要重新审视人文交流对增进双方相互了解的重要作用，未来需要全方位深化人文交流，拓展基础教育、职业教育合作，探讨在气象、航天等领域的创新合作。需要进一步加强地方间合作，推进两国友好省市间务实合作和友好交流。中菲两国应乘势而上，加强两国人文交流和民间合作，以共建"一带一路"为抓手，推动两国发展战略对接，不断把中菲友好的根基筑牢，把双边关系推上新的高度，携手开创中菲关系新"黄金时代"。以良好的人文交流和民间合作等非经济合作形式，促进中菲双边经贸合作和发展。

RCEP

第十一章

RCEP 框架下中国与文莱经贸合作关系研究

文莱达鲁萨兰国，简称"文莱"，位于东南亚的婆罗洲北岸，和马来西亚的砂拉越、沙巴合称北婆三邦。首都斯里巴加湾市，国土面积5765平方千米，人口约45万人（2023年），其中马来人占73.5%，华人占9.5%，其他种族占17%。国语为马来语，英语为通用语言，华人使用华语较广泛。文莱自1984年1月1日独立之日起即正式宣布"马来伊斯兰君主制"（MIB）为国家纲领。其内涵为：国家维护马来语言、文化和风俗主体地位，在全国推行伊斯兰法律和价值观，王室地位至高无上。该纲领将伊斯兰教确认为文莱国教，反对政教分离。

文莱工业基础薄弱，经济结构单一，主要以石油和天然气开采与生产为主。文莱已探明石油储量为14亿桶；天然气储量为3200亿立方米，均约占全球总量的0.1%。文莱政府一方面积极勘探新油气区，另一方面对油气开采奉行节制政策。据文莱官方统计，2023年第四季度文莱石油日产量约10.1万桶，天然气日产量约3180万立方米。非油气产业均不发达，主要有制造业、建筑业、金融业及农业、林业、渔业等。为摆脱单一经济束缚，近年来，文莱政府大力发展油气下游产业、伊斯兰金融及清真产业、物流与通信科技产业、旅游业等，加大对农业、林业、渔业以及基础设施建设投资，积极吸引外资，推动经济向多元化方向发展。但受全球金融危机和新冠疫情影响，文莱经济持续低迷，2023年文莱GDP为189.6亿文元（约为151.28亿美元），同比增长1.4%，其中石油与天然气行业产值占比为47.4%。2023年文莱人均GDP为33430.92美元，同比增长0.62%。[1]

文莱是WTO创始成员国、东盟成员国、亚太经合组织成员国、英联邦成员国和RCEP缔约国。

---

[1] 中华人民共和国外交部.文莱国家概况 [EB/OL].[2024-11-16].https://www.mfa.gov.cn/web/gjhdq_676201/gj_676203/yz_676205/1206_677004/1206x0_677006/.

第一节　中文经贸合作关系的政治基础

中国和文莱于 1991 年 9 月 30 日建立外交关系，双边关系发展顺利，各领域友好交流与合作逐步展开。文莱苏丹哈桑纳尔先后 12 次访华或来华出席国际会议。1999 年 8 月 23 日至 26 日，应时任中华人民共和国主席的江泽民邀请，文莱苏丹哈桑纳尔对华进行了国事访问。访问期间双方发表《关于两国关系未来发展方向的联合公报》，双方承诺两国政府将继续提供便利，推动两国间的贸易和投资，并鼓励两国商业部门或企业在平等互利的基础上加强在旅游、石油化工、农业、渔业、制造业及其他感兴趣的领域的合作。

2013 年 4 月 4 日至 7 日，文莱苏丹哈桑纳尔应中华人民共和国主席习近平邀请对中国进行国事访问，访问期间两国发表《中华人民共和国和文莱达鲁萨兰国联合声明》，声明指出，中国和文莱互为重要合作伙伴，双方为实现共同繁荣与发展密切合作，为地区和平与稳定作出了贡献。两国应保持经常性双边交往，加强两国外交磋商、经贸磋商等各层次机制合作。声明同时指出，两国元首对双方在商业、炼油、石化及公私领域合作所取得的进展感到高兴。两国元首特别提及中国海油与文莱国油合作协议，认为此举将继续深化双方在能源领域的合作。两国元首同意支持两国有关企业本着相互尊重、平等互利的原则共同勘探和开采海上油气资源。有关合作不影响两国各自关于海洋权益的立场。双方同意进一步加强在农业、清真食品、农业食品、水产养殖等领域的交流与合作。双方鼓励和支持本国企业按照市场化原则，在平等互利基础上扩大农产品进出口贸易。

2017 年 9 月，文莱苏丹哈桑纳尔再次来华访问，其间两国签署《中华人民共和国政府与文莱达鲁萨兰国政府关于共同推进丝绸之路经济带和 21 世纪海上丝绸之路建设的谅解备忘录》（简称《"一带一路"建设谅解备忘录》）。2018 年 11 月 18 日至 20 日，习近平主席应文莱苏丹哈桑纳尔邀请，对文莱进行了友好访问。访问期间，习近平主席同哈桑纳尔苏丹在亲切友好气氛中举行会谈。双方高度评价中国与文莱关系积极发展势头，并就共同关心的地区和国际问题深入交换看法。双方同意进一步加强两国发展战略对接。中方愿进一步支持文莱经济可持续发展，为文经济多元化进程提供助力。文方将继续支持并共同推进"一带一路"合作。双方将密切合作，落实好两国政府《"一带一路"建设谅解备忘录》及此次签署的相关合作规划。两国元首同意进一步深化经贸投资合作，落实好双方签署的加强基础设施领域合作的谅解备忘录，双方鼓励两国商界利用中国国际进口博览会和中国—东盟博览会等平台开展更多合作。双方一致决定将两国关系提升为战略合作伙伴关系，引领中国与文莱关系迈上更高台阶。

第二节 中文经贸合作关系的现状

中国与文莱两国签有《鼓励和相互保护投资协定》（2000 年）、《避免双重征税和防止偷漏税的协定》（2004 年）、《促进贸易、投资和经济合作谅解备忘录》（2004 年）、《农业合作谅解备忘录》（2009 年）、《"一带一路"建设谅解备忘录》（2017 年）、《加强基础设施领域合作谅解备忘录》（2017 年）、《共建"一带一路"合作规划》（2018 年）等。这些都为双边贸易交流和经济合作提供了根本保障。

一、中国与文莱商品贸易现状

文莱虽为小国，但人民生活水平较高，经济结构与中国存在较高互补性。因此，两国贸易较为繁荣，特别是进入 21 世纪，中国与文莱双边贸易额大幅上升。2008 年 4 月、2011 年 4 月、2013 年 3 月和 2016 年 4 月，两国分别举行了四次经贸磋商。

表 11-1　中国与文莱双边贸易情况（2010—2023 年）

年份	出口额 / 亿美元	进口额 / 亿美元	进出口总额 / 亿美元	进出口总额 同比增长率	中国贸易顺 差 / 亿美元
2010	3.68	6.64	10.32	144.55%	-2.96
2011	7.44	5.67	13.11	27.03%	1.77
2012	12.52	3.73	16.25	24.03%	8.79
2013	17.04	0.90	17.94	10.33%	16.14
2014	17.47	1.90	19.37	7.97%	15.57
2015	14.07	1.01	15.08	-22.10%	13.06
2016	5.11	2.22	7.33	-51.42%	2.89
2017	6.38	3.52	9.90	34.92%	2.86
2018	15.92	2.48	18.40	85.95%	13.44
2019	6.50	4.53	11.03	-40.02%	1.97
2020	4.66	14.76	19.42	76.07%	-10.10
2021	6.39	22.25	28.65	47.53%	-15.86
2022	8.30	22.50	30.80	7.50%	-14.20
2023	8.60	19.50%	28.10	-8.77%	-19.5

（数据来源：海关总署数据库①）

　　2023 年，中国与文莱双边贸易额为 28.1 亿美元。其中，中国对文莱出口额为 8.6 亿美元；自文莱进口额为 19.5 亿美元。2024 年 1—8 月中国与文莱双边货物进出口额为 18.9 亿美元，相比上年同期增长了 1.8 亿美元，同比增长 11%。其中，中国出口额为 5.1 亿美元，相比上年同

---

① 因统计口径不同，数据可能存在误差。

期减少了 0.5 亿美元；中国进口额为 13.8 亿美元，相比上年同期增长了 2.3 亿美元。中国从文莱进口的商品主要是原油，向文莱出口的商品主要为纺织品、建材和塑料制品等。

二、中国与文莱经济合作现状

中国与文莱两国在投资、承包劳务等方面合作成效显著。根据商务部数据，截至 2023 年 7 月，中国在文莱累计签订工程承包合同额为 37.4 亿美元，完成营业额为 43.9 亿美元。中国与文莱的经贸合作近年来不断加深，基础设施建设是其中重要一环。主要合作领域和项目包括：石油化工、能源合作、基础设施建设、通信技术、房地产、农业技术、人文交流、特区融资合作等。

文莱是中国在东南亚的重要石油化工合作伙伴。中国企业参与了文莱石油化工项目的建设与运营，如大连石化的文莱项目等，两国在能源领域还开展了多项合作，包括中国国电集团参与文莱能源开发、共建电站等。其中最主要也最突出的就是恒逸石化大摩拉岛综合炼化项目，也是两国共建"一带一路"的旗舰项目。据文莱统计，2021 年该项目出口额占文莱出口总额的 52%，新增产值占文莱国内生产总值的 7% 以上，被文莱政府称为开启工业化进程的钥匙。2013—2015 年，由于国际能源和大宗商品价格下跌，中国与文莱贸易遭受冲击，双边贸易额从 5.62 亿美元减少到 4.33 亿美元。双方贸易额较小，原因一方面在于文莱进口市场狭小，国内需求较小，中国商品面临与马来西亚、新加坡等国的竞争；另一方面在于文莱出口商品以油气为主，集中于马来西亚、新加坡、日本和美国，对中国依赖较小。2016—2018 年，随着恒逸石化和苏丹奥马尔·赛福鼎大桥等项目的建设，中国与文莱双边贸易额从2016年的7.33亿美元增加到2018年的18.40亿美元，其中中国出口额由2016年的5.11亿美元增长到2018年的15.92亿美元，主要因为恒逸项目设计、采购、制造和施工全部执行中国标准，超过95%的设备从中国采购，在中国预制完成后再到文莱安装，由此拉动文莱从中国的进口额上升。

至于基础设施的建设，中国企业深度参与了文莱的基础设施建设。例如，中国港湾工程有限责任公司参与了文莱大摩拉岛港口项目；在通信领域，华为等中国企业为文莱提供了通信设备和服务，助力文莱提升通信基础设施；在房地产行业也有建树，中国企业在文莱投资房地产项目，如中国建筑公司参与的文莱住宅项目等；农业方面的合作也是欣欣向荣，中国向文莱输送农业技术，提高文莱农业产能，例如水稻种植技术合作项目；中国在文莱援建了斯里巴加湾市中国文化中心，促进两国文化交流，两国还在文莱共建大连产业园区，吸引中国企业投资兴业；中国金融机构为文莱基础设施建设提供融资支持，如国家开发银行等；中国提出的"一带一路"倡议得到了文莱的积极响应，双方表示将在基础设施建设、能源、通信等领域深化合作。

第三节　中文经贸合作关系持续发展的原因

中国已成为文莱最重要的贸易伙伴，对中贸易占文莱对外贸易的比重约为 12.5%。文莱国内经济产业结构单一，制造业商品及生活必需品大多依赖外部进口，中国则对原油和恒逸项目石化产品存在较大需求，中国与文莱两国资源与产业的互补性，是两国贸易交往和经济合作的前提。

一、中国与文莱贸易合作历史悠久

中国与文莱两国的传统友好关系可以追溯到古代丝绸之路时期。中国和文莱都是古代丝绸之路上的重要节点，两国之间的贸易往来可以追溯到数千年前。古代中国的丝绸、瓷器和茶叶等商品在文莱非常受欢迎，而文莱的香料、木材和贝类等产品也在中国市场上有很高的需求。这种互利互惠的贸易关系不仅促进了两国经济的发展，也加深了两国人民之间的友谊。

在历史上，中国和文莱之间的经贸合作不仅仅局限于商品贸易，还包括文化交流和人员往来。中国的传统文化对文莱产生了深远的影响，例如佛教、道教和儒家思想等都在文莱得到了广泛传播。同时，文莱的马来文化也对中国产生了一定的影响，这种文化交流增进了两国人民之间的相互理解和友谊。

1991 年，中国和文莱签署了《中华人民共和国政府和文莱达鲁萨兰国政府关于投资保护互惠促进的协定》，这标志着双方在经济合作方面迈出了重要的一步。2004 年，中国和文莱签署了《中华人民共和国政府和文莱达鲁萨兰国政府关于经济技术合作的谅解备忘录》。此协议旨在加强双方在贸易、投资、农业、渔业等领域的合作。自 2013 年以来，中国和文莱之间的贸易额逐年增长。2018 年，双边贸易额超过 10 亿美元。中国与文莱之间的合作由来已久，具有相对深厚的友谊，具有合作的基础。

二、多样化的非经济合作为双边经贸合作注入不竭动力

在 RCEP 成立前我国就与文莱在不同领域进行了深度合作，为双边经贸交流和经济合作注入了不竭动力。

两国在民航、卫生、文化、旅游、体育、教育、司法等领域的交流与合作逐步展开，先后签署了《民用航空运输协定》（1993 年）、《卫生合作谅解备忘录》（1996 年）、《文化合作谅解备忘录》（1999 年）、《中国公民自费赴文旅游实施方案的谅解备忘录》（2000 年）、《高等教育合作谅解备忘录》（2004 年）、《旅游合作谅解备忘录》（2006 年）。两国于 2002 年和 2004 年分别签署了《中华人民共和国最高人民检察院和文莱达鲁萨兰国总检察署合作协议》和《最高法院合作谅解备忘录》。2010 年 3 月，文莱皇家航空公司重开斯里巴加湾至上海航线。2013 年

10月，两国政府签署《关于海上合作的谅解备忘录》。2021年7月，双方签署《中华人民共和国海关总署与文莱达鲁萨兰国初级资源和旅游部关于文莱输华养殖水产品的检验检疫和兽医卫生要求议定书》。[①]

三、文莱政局稳定，中文双边关系稳定发展，为双边合作保驾护航

文莱现任最高领袖哈吉·哈桑纳尔·博尔基亚·穆伊扎丁·瓦达乌拉于1967年10月5日即位第29世文莱苏丹。他在位以来，实施高福利政策，提供免费医疗、教育和廉价住房，无个人所得税，强调传承和发扬"宽容与和谐"的传统伊斯兰文化，因此深受国民拥护和爱戴。文莱国内不存在反对势力，政局和政权相较其他东盟国家更加稳定。[②]哈桑纳尔对华态度友好，先后十几次访华或来华出席国际会议。

中国与文莱两国政治关系友好，两国元首重视双边关系，通过元首外交把两国合作关系推上新台阶，从战略高度为两国关系指明方向，为深化两国的经贸合作与发展提供了坚实保障。

---

① 中华人民共和国外交部.中国同文莱的关系 [EB/OL].[2024-11-16].https://www.mfa.gov.cn/web/gjhdq_676201/gj_676203/yz_676205/1206_677004/sbgx_677008/.

② 吴海霞.共建"一带一路"倡议：中国—文莱经贸合作进展与前景 [J].东南亚纵横，2023（4）.

第四节　发展中文经贸合作关系面临的挑战

尽管中国与文莱经贸交流和经济合作有很多优势，但由于两国政治制度、风土人情、国情民俗不同，两国双边经贸交流与发展依然面临诸多挑战。

一、文莱市场规模较小，经济结构单一

文莱是一个"袖珍"国家，国土面积仅有 5765 平方千米，约相当于中国上海市的面积，2023 年人口约 45 万人，约等于上海市 2022 年常住人口的 1.82%。地狭人少的特点决定了文莱市场具有以下两个特点。

一是市场规模相对较小，经济结构单一，无法满足中国企业的需求，从而限制了双边贸易的发展。因此，中国企业可能在投资回报率上面临压力。相较于其他国家，文莱市场的潜在收益可能较低，这会影响中国企业在文莱的投资积极性。

二是市场规模有限，市场竞争相对激烈。中国企业在与文莱当地企业竞争时，可能需要付出更多努力和创新来获得市场份额。由于市场规模较小，中国企业在文莱可能面临市场拓展的困难。要想在文莱市场取

得成功，企业需要更加精准地定位目标客户，并制定相应的市场策略。中国企业也会面临供应链配套可能相对不完善的问题，在与文莱合作时，需要考虑如何优化供应链管理，以确保生产和销售的顺利进行。

二、中国与文莱两国意识形态、社会习俗、文化传统等差异较大

文莱是一个实行"马来伊斯兰君主制"的国家，其国民大部分为伊斯兰教教徒，伊斯兰教为国教，而实行君主政体的国情决定了文莱苏丹既是国家元首，也是宗教领袖。伊斯兰教对文莱政治经济和社会文化生活的影响极大。

伊斯兰文化和传统已经渗透到文莱社会生活的方方面面。可以说，伊斯兰教教义是文莱普遍的意识形态，绝大多数文莱人在生活、工作、经商等日常活动中都严格遵守伊斯兰教义。大多数中国人难以融入当地的宗教社会。由于不能充分理解文莱当地的文化习俗，常引发误解和冲突，这也阻碍了双边深层次的合作。[①]

三、南海主权争端为两国经贸合作蒙上了阴影

中国与文莱的领土争端主要集中于南通礁及其周边海域的开发权上。南通礁靠近曾母暗沙，是中国南海的一座干出环礁。1935 年中国政府公布名称为路易萨礁，1947 年和 1983 年分别被中华民国内政部和中华人民共和国中国地名委员会公布名称为南通礁。1987 年中国地质

---

① 黄瑛，黄琴. 文莱发展战略对文莱—中国经贸合作的影响及建议 [J]. 现代商贸工业，2022（9）.

矿产部 "海洋四号" 科考船曾登上该礁设立主权标志。

　　然而，1977 年至 1979 年马来西亚侵入南通礁树立"主权碑"并修建灯塔。1984 年文莱声称南通礁在其大陆架范围内，1988 年将其划入版图。2009 年，马来西亚和文莱谈判后，马来西亚将南通礁"转交"给文莱。文莱现存海上油气田大部分位于南通礁周边海域，该礁成为中国与文莱领海之争焦点。中国秉承"搁置争议，共同开发"原则与文莱在周边海域进行油气开发合作，但近年来，文莱与中国的南通礁之争有恶化趋势，文莱与美国多次在周边海域举行联合军事演习，加剧了中国与文莱的南海主权争端。

　　两国领土争端影响经贸合作，可能导致资源开发竞争、贸易关系受影响、投资合作项目不确定、能源合作受阻、旅游业发展受影响、航运通道不稳及政治关系紧张，进而影响双边贸易稳定发展。总之，南海争端为中国与文莱两国经贸交流和经济合作前景蒙上了阴影。

第五节　进一步推进中文经贸合作关系的政策建议

一、深化中国与文莱两国间能源产业合作

文莱石油、天然气等能源储备丰富。根据 2023 年《BP 世界能源统计年鉴》，截至 2022 年底，文莱已探明石油储量为 11 亿桶，占全球总量的 0.1%，天然气储量为 2000 亿立方米，占全球总量的 0.1%。2022年文莱石油日产量为 9.2 万桶，同比下降 13.8%；液化天然气日产量为 7000 桶，同比下降 13.8%，天然气年产量 106 亿立方米，同比下降 8.2%。除石油以外，其他矿产资源较少。文莱林业资源丰富，森林覆盖率达 70% 以上，86% 的森林保护区为原始森林，有 14 个森林保护区，面积为 2255.19 平方千米，占国土面积的 41%。[①] 文莱鼓励外资参与其油气勘探开采。中国具有成熟的深水石油开采勘探技术和石化技术，又有充足的资本供给和广阔的市场需求。双方在油气资源深加工等能源产业升

①商务部国际贸易经济合作研究院，商务部对外投资和经济合作司，中国驻文莱大使馆经济商务处. 文莱投资指南（2023 年版）[EB/OL]. [2024-11-28]. https://www.mofcom.gov.cn/dl/gbdqzn/upload/wenlai.pdf.

级领域合作的前景比较可观。[①]

自 2000 年以来，在石油贸易的支撑和带动下，中国与文莱两国在经贸领域较强的互补性使得双边贸易额迅速增长，形成了以石油等能源领域的长期合作为基础、其他各经贸领域互利合作与交流逐渐展开并初见成效的发展格局。虽然中国与文莱两国在石油等能源领域的合作在一定阶段仍是两国间存在巨额贸易差额的主要因素，但是从长远来看，与文莱的石油合作是中国实施能源多元化战略的既定目标之一。双方在石油等能源领域合作的不断深化和扩大，将对其他经贸领域的合作起到相互渗透作用，尤其是一旦中国在石油工程服务领域三大潜力逐步得到充分发挥，将会带动大量中国产品进入文莱。此外，随着中国—东盟自由贸易区建设进入实质性全面启动阶段，中国与文莱经贸关系在保持双边经贸互利合作稳步发展的同时，又增加了多边经贸合作的途径和平台。在这种多重协力、齐头并进的相互作用之下，中国与文莱的经贸合作必将从中获益，取得更快更好的发展。

二、在 RCEP 框架下深化中国与文莱的经贸合作

首先，RCEP 将促进中国和文莱之间的贸易自由化和市场准入。双方将减少或取消关税和非关税壁垒，降低贸易成本，扩大贸易规模。其次，通过 RCEP，中国和文莱将与其他成员国实现更紧密的经济联系。这将带来更多贸易机会，促进两国的贸易多元化。另外，RCEP 将提供更稳定的投资环境和更高水平的投资保护。这将吸引更多中国企业到文

[①] 黄瑛，黄琴. 文莱发展战略对文莱—中国经贸合作的影响及建议 [J]. 现代商贸工业，2022（9）.

莱进行投资，促进双方的经济合作。RCEP 还有助于加强亚太地区的供应链连接，包括中国和文莱在内。这将为两国企业提供更便利的物流和供应链网络，增加合作机会。

在 RCEP 框架下，中国与文莱两国的经贸合作机遇主要体现在服务贸易领域。随着 RCEP 的签署和实施，两国在服务贸易方面将迎来更多的机遇和推动力。首先，RCEP 将促进中国与文莱两国服务贸易的自由化和便利化。通过降低贸易壁垒、减少非关税壁垒和简化贸易程序，RCEP 将为两国的服务贸易提供更加开放和便利的环境。这将有助于促进中国与文莱两国服务贸易的增长和发展。其次，RCEP 将推动中国与文莱两国服务贸易的互联互通。在 RCEP 框架下，两国将加强数字经济合作，推动数字贸易的发展，提升服务贸易的互联互通水平。这将为两国的服务贸易提供更多的机会和潜力。此外，在 RCEP 还将促进中国与文莱两国服务贸易的合作与创新。通过加强合作机制和推动创新发展，两国可以共同探索新的服务贸易领域，提升服务贸易的质量和竞争力。总之，在 RCEP 框架下，中国与文莱两国的服务贸易合作将迎来更多的机遇和推动力，为双方经济的发展和繁荣带来积极影响。

在 RCEP 框架下，中国与文莱两国的经贸合作机遇还体现在 RCEP 对两国投资合作的促进作用上。作为一个区域性自由贸易协定，RCEP 为两国提供了更加开放和便利的投资环境，为双方企业开展跨境投资提供了更多机会和便利。RCEP 的签署将进一步减少两国之间的投资壁垒。通过减少贸易壁垒、关税壁垒和非关税壁垒等措施，RCEP 将为两国企业提供更加便利的投资环境。这将促使两国更多的企业选择在对方国家进行投资，进一步推动双方经贸合作的深入发展。RCEP 将加强两国之间的投资保护和争端解决机制。协定中包含了一系列的投资保护措施，如国民待遇、最惠国待遇、公平合理待遇等，这将为两国的投资者提供更加稳定和可预测的投资环境。同时，RCEP 还设立了争端解决机制，为投资者提供了一种有效解决投资争端的途径，进一步增强了两国之间的投资合作信心。RCEP 还将促进两国在投资领域的合作与交流。协定中设立了投资促进机制，鼓励双方加强投资合作，推动投资项目的互联互通。双方可以通过加强投资合作，共同开展基础设施建设、产业园区建设、科技创新等领域的合作，进一步提升两国的经济发展水平。

对于文莱来说，RCEP 将为该国提供更多的经济合作机会。作为一个小型经济体，文莱将通过与其他成员国加强合作，扩大出口市场，并从中受益。此外，RCEP 还将为文莱吸引更多外国直接投资，促进其经济多元化和可持续发展。RCEP 对中国与文莱两国的知识产权保护提出了一定的要求。两国需要加强立法工作，完善知识产权保护的法律框架；加强知识产权保护的宣传教育，提高公众对知识产权的重视程度；加强知识产权保护的执法合作，共同打击跨境知识产权侵权行为。只有通过共同努力，中国与文莱两国才能在 RCEP 框架下实现更加有效的知识产权保护，推动经贸合作的顺利发展。

三、充分发挥人文交流在中国与文莱经贸关系中的作用

中国与文莱两国人文交流已取得突出成就。自 2003 年 7 月起，中国对持普通护照来华旅游、经商的文莱公民给予免签证 15 天的待遇。2005 年 6 月，两国就互免持外交、公务护照人员签证的换文协定生效。2016 年 5 月，文莱给予中国公民赴文落地签待遇。2018 年，两国人员往来总数约 6.13 万人次，同比增长 2.9%。其中，中国赴文莱游客 5.22

万人次，文莱来华游客 0.91 万人次。2020 年为"中文旅游年"，受新冠疫情影响，2021 年双方延续举办"文旅年"相关活动。2004 年、2005 年分别成立中国—文莱友好协会和文莱—中国友好协会。2013 年、2018 年，中国艺术团体两次赴文莱举办"欢乐春节"文艺演出。

　　但是，人文交流在中国与文莱两国经贸交流和发展中发挥的作用还有很大的提升空间。例如，要加强两国智库之间的学术交流，为两国经贸交流和发展建言献策。探讨如何推动人文交流、增加相互理解和尊重、减少文化差异带来的误解或文化冲突，为两国的经贸合作发展提供跨文化的人文关怀和文化保障是当前和未来两国之间重要的研究课题。①

---

　　①潘艳勤，云昌耀. 当代中国—文莱的经贸合作与人文交流：一个初步的研究 [J]. 东南亚纵横，2018（6）.

RCEP

第十二章

安徽融入 RCEP 及其与重点成员经贸关系研究

近些年来，世界范围内贸易保护主义抬头、逆全球化浪潮兴起、新冠疫情的冲击等使全球生产体系遭受严重冲击，世界经济增长乏力。进入后疫情时代的世界，各国和地区唯有加强彼此合作才能增强产业链、供应链及经济发展的韧性，才能真正实现共同发展进步。中国在以国内大循环为主、国内国际双循环相互促进的新格局下，于2020年11月15日加入RCEP，并积极推动RCEP正式生效，这是努力构建国内国际双循环的顶层设计，为我国提供稳定的"外循环"环境，为"内循环"提供新动力，促进"双循环"良性互动的重大战略决策。

安徽省作为"长三角经济区"成员，近些年来抢抓有利的外贸发展契机，抓好并用好"一带一路"、中国（安徽）自贸区、RCEP等平台和政策红利，贯彻国家推动外贸稳规模、优结构的决策部署，牢固树立"向海而兴、借船出海"的开放意识，抢抓政策环境与产业变化带来的新机遇，全力以赴育"新"求"进"，外贸竞争新优势加快形成。根据相关统计，2022年安徽省进出口贸易总额位居中部第二位，中西部第四位、全国第十三位，分别占全国外贸总值的1.8%、长三角地区的5%、中部六省的19.9%。2023年1月至10月，安徽省进出口贸易总额位居中部第一。进出口规模首次迈进全国十强，居全国第九、中部第一。①在全国前十的外贸大省（市）中，安徽进出口、出口增速均居全国第一。

RCEP的签署和生效，对安徽而言，既是机遇，也是挑战。如何利用好RCEP的政策红利，实现安徽高质量发展，构建高水平的开放型经济对于安徽而言具有十分重要的现实意义和价值。

---

① 安徽省进出口挺进全国前十 [EB/OL]. [2024–11–16]. http://hefei.customs.gov.cn/hefei_customs/479573/479574/5579687/index.html.

第一节　安徽融入 RCEP 的重要意义

加快实施自由贸易区战略，是我国新一轮对外开放的重要内容。作为我国自由贸易区战略的重要组成部分，RCEP 的签署将对我国经济发展和社会进步具有重要的推动作用，对安徽融入 RCEP 具有十分重要的意义。

一、助推安徽强化"两个坚持"，实现"两个更大"目标

2020 年 8 月，习近平总书记在安徽考察时强调，要贯彻落实好党中央决策部署，贯彻新发展理念，坚持稳中求进工作总基调，坚持改革开放，坚持高质量发展，深化供给侧结构性改革，打好三大攻坚战，做好"六稳"工作，落实"六保"任务，决胜全面建成小康社会、决战脱贫攻坚，在构建以国内大循环为主体、国内国际双循环相互促进的新发展格局中实现更大作为，在加快建设美好安徽上取得新的更大进展。

对外开放是中国经济高质量发展的必然选择，进一步加大引资力度、提升引资质量，发展更高层次的开放型经济，方能加快塑造国际竞争合

作新优势，为高质量发展蓄积更强的动力。[①] 时任安徽省委书记韩俊指出，改革开放是一条正确之路、强国之路、富民之路。我们将坚持以改革开放为动力推动高质量发展，抓好思想大解放、环境大优化、能力大提升、作风大转变、任务大落实，扎实推进重点领域和关键环节改革攻坚，提高开放型经济水平，全力打造市场化、法治化、国际化一流营商环境，持续推动更深层次改革、更高水平开放，努力从内陆腹地迈向改革开放新高地。[②] 安徽全面融入 RCEP，对进一步推动安徽与 RCEP 国家畅通贸易、促进投资，相互开放市场，推动产业链、供应链、价值链深度融合，进而强化"两个坚持"，实现"两个更大"目标具有多重效应。

其一，RCEP 有利于安徽把满足国内外需求作为发展的出发点和落脚点，加快构建完整的内外需体系，同时提升供给体系对国内外需求的适配性。其二，RCEP 有利于安徽参与国内外产业供应链、价值链的完整性和安全性建设，打造区域产业集群，形成规模效应。其三，RCEP 有利于安徽从过去强调出口转变为出口和进口并重，进口服务国内产业发展和国内市场发展，同时利用 RCEP 国家外资的重点从出口创汇能力转变为服务国内产业链、供应链、价值链能力。其四，RCEP 有利于安徽培育新形势下参与国际合作和竞争新优势。

二、增强安徽对 RCEP 成员的贸易动能

RCEP 签署后，我国对外签署的自贸协定达到 19 个，在全球多边贸易体系中的地位进一步提升。RCEP 的签署，将对安徽发展与日本、

---

① 刘天亮. 发展更高层次的开放型经济 [N]. 人民日报，2023-11-03.
② 韩俊. 在中国式现代化新征程上谱写更加壮丽的安徽篇章 [J]. 求是，2023（15）.

韩国、澳大利亚、新西兰以及东盟十国的经贸往来产生进一步的拉动力，RCEP 贸易创造、贸易转移与投资便利化等效应将在原有的与韩国、澳大利亚、新西兰以及东盟双边自贸协定得到更进一步的释放。具体而言，RCEP 涉及货物贸易开放水平将达到 90%，这意味着成员国的关税税目中 90% 的商品税率降为零，所以，RCEP 协议将有助于安徽与 RCEP 国家之间的商品跨境流动，促进相互之间的贸易自由化，提升贸易规模。日本与韩国长期为安徽两个最大贸易伙伴和投资来源地，RCEP 的签署及其"外部性"效应将对安徽发展与日本、韩国的对外经济合作十分有利。

一方面，RCEP 的签署将会有力推动中日韩区域经济的繁荣和一体化的发展，进而推进中日韩自贸区谈判，促使中日韩三方进一步提高货物贸易、服务贸易、投资自由化水平和规则标准，打造"RCEP+"自贸区。安徽合肥、芜湖、蚌埠三个自贸区片区可以通过对接我国在 RCEP 中对日韩在关税减让、投资、原产地规则、服务贸易、跨境电商、知识产权保护等方面的相关承诺和限制，率先开放和创新，推动安徽发展对日本和韩国的对外经济合作。

另一方面，在安徽还可以利用好 RCEP 中的国际经济合作条款，加强安徽合肥、芜湖、蚌埠三个自贸区片区与日本国家战略特区"东京圈"（国际化商务及创新产业基地）和"关西圈"（医疗产业及创新型人才培育基地）、韩国仁川与釜山等特殊经济区域，在人工智能、融资租赁、医疗美容、生物医药、信创产业、商业保理等方面的合作，打造国内国际双向循环的资源配置枢纽，促进中日韩产业链、供应链、价值链和分销网络的调整和重塑。

三、稳定、扩大安徽与 RCEP 成员的经济关系

进入后疫情时代，全球经济增长乏力，逆全球化深度发展，贸易保护主义盛行，发达国家引导资本回流，推行产业回归和制造业再造政策。全球资本和技术输出放缓，美国等部分西方国家积极推动在产业链合作领域"去中国化"，在我国部分地区和部分产业领域，已经出现了外资企业向外迁移的现象。

在 RCEP 国家中，日本是安徽第二大贸易伙伴和第三大投资来源地，两地产业契合度高，合作空间广阔。① 新冠疫情之后，日本政府耗费巨额财政支出，试图扭转经济颓势。其中包含企业召回计划和为企业将生产基地迁往东南亚的补助计划。虽然日企大规模撤出中国并不符合实际，但是考虑到当今日本经济的形势和中美竞争的大的国际环境，这种势头仍不容忽视。而 RCEP 的生效有助于稳定外资。RCEP 关于相互投资及其便利化等相关规定可以防止新冠疫情引发外资的撤出，从而引发安徽利用外资的动荡，出现利用外资滑坡趋势。RCEP 是一个高水平的自贸协议，协议不仅包括关税、货物贸易、海关程序和贸易便利化等边境条款，同时还涵盖大篇幅的投资、知识产权、环境保护、劳工标准等"边境后"条款。如在 RCEP 协议正文第十章"投资"中，第三条"国民待遇"要求在投资领域，各缔约方给予彼此相同的国民待遇，第十七条"投资便利化"则要求每一缔约方应当努力便利缔约方之间的投资，包括为各种形式的投资创造必要环境、简化其投资申请及批准程序等。这些要求将有助于倒逼安徽改善投资环境，扩大利用外资。同时，RCEP 成员

---

① 安徽省贸易投资洽谈会在日本东京成功举办 [EB/OL]. [2024-11-16]. http://world.people. com.cn/n1/2022/1227/c1002-32594773.html.

国都将对外资实行负面清单的管理制度，这保障了成员国之间能享受到更加公平、透明、可预期的营商环境，为安徽企业在协议国布局提供了一个便利条件，随着协议的签署和实施，会有更多东盟国家选择以人民币进行计价交易，人民币作为储备货币的功能将会不断显现，从而进一步促进安徽企业对外投资规模的增长。

四、助力打造内陆开放新高地

自贸区一直是我们了解世界的重要窗口，也是世界了解我们的重要媒介。作为区域经济一体化平台，RCEP 以全面、现代、高质量和普惠的自贸协定为目标，对标国际高水平自贸规则，形成了区域内更加开放、自由、透明的经贸规则，涵盖货物贸易、服务贸易和投资领域等，协定文本长达 1.4 万多页。货物贸易零关税产品数量整体上超过 90%，大幅降低了区域内贸易成本和商品价格。服务贸易开放承诺涵盖了大多数服务部门，显著高于目前各方与东盟现有自贸协定水平。投资方面，15 方均采用负面清单对制造业、农林渔业、采矿业等领域投资作出较高水平开放承诺，政策透明度明显提升。各方还就中小企业、经济技术合作等作出规定，纳入了知识产权、电子商务、竞争政策、政府采购等现代化议题，适应知识经济、数字经济发展的需要。通过 RCEP，我国首次在经贸谈判中达成投资负面清单，首次在国际协定中纳入数据流动相关规定，首次在自贸协定全面纳入知识产权保护。

当前，安徽全面推进安徽自由贸易试验区建设，以制度创新为核心，以可复制、可推广为基本要求，发挥安徽在推进"一带一路"建设和长江经济带发展中的重要节点作用，推动科技创新和实体经济发展深度融合，加快推进科技创新策源地建设、先进制造业和战略性新兴产业集聚发展，形成内陆开放新高地。RCEP的签署，有助于安徽自由贸易试验区在贸易和投资等一系列领域对标国际先进规则。

第二节　安徽融入 RCEP 具有的优势与劣势

当前，全球经济形势错综复杂，国际投资经贸规则加速重构，国家深入实施"一带一路"、长江经济带等发展战略，极大地推动了安徽与 RCEP 相关国家的经贸合作。其中，安徽沿江近海、居中靠东、承东启西的区位，长三角一体化的政策，便捷高效的基础设施，新兴产业与传统制造业的集群集聚等多种要素叠加组合是进一步推动安徽与 RCEP 相关国家合作的优势。而对外开放基础薄弱、平台欠缺、交往生疏等则是制约安徽与 RCEP 相关国家合作的因素。总体而言，安徽与 RCEP 国家经贸交流合作，和沿海发达省份及西南沿边省份相比还存在较大差距。

一、安徽融入 RCEP 具有的优势

首先，安徽产业布局合理，覆盖了传统主导产业、战略性新兴产业、高成长产业，奠定了安徽与 RCEP 成员国发展经贸关系的产业基础。在新型经济环境背景下，优化的产业布局是保持经济健康平稳发展的重要保障。无论是从传统主导产业，还是从战略性新兴产业或高成长产业来看，安徽积极优化产业布局、推动产业发展，加快建立与 RCEP 成

员国更加紧密的经贸合作。从传统产业的家电，到"芯屏汽合"等战略性新兴产业，再到量子产业等前沿高成长产业，安徽省拿出政策支持和"真金白银"予以大力支持。安徽省各级政府不仅拿出专门的政策加以支持，还运用多种手段帮扶、借助市场等多方力量，来推动产业发展。涌现出以合肥为典型的，围绕产业链部署创新链实现产业结构整体升级的，以政府投资拉动社会投资进而培育产业发展的驰名的"合肥模式"。"合肥模式"成功培育了京东方、合肥长鑫、蔚来汽车等，也吸引了诸如比亚迪、大众等其他企业的入驻；培育了合肥的显示产业、半导体产业和电动汽车制造等产业，壮大了城市发展的动能。根据安徽省《关于大力发展十大新兴产业打造具有重要影响力新兴产业聚集地的意见》，"十四五"时期，安徽省要大力发展新一代信息技术产业、新能源汽车和智能网联汽车产业、数字创意产业、高端装备制造产业、新能源和节能环保产业、绿色食品产业、生命健康产业、智能家电产业、新材料产业和人工智能产业等十大新兴产业。合理完备的产业布局是安徽省与RCEP成员发展经贸关系的基础，也是条件。

其次，安徽与RCEP成员国之间拥有坚实的合作基础。安徽与日、韩、澳、新以及东盟有着十几年的贸易经济合作往来历史，且贸易进出口额十年来呈现不断增长状态，经济合作也不断深化。RCEP的生效极大促进了安徽与RCEP成员的经济贸易联系，也给安徽企业带来了实打实的红利。2023年上半年，安徽企业在RCEP项下享惠进口货值达1.32亿美元，同比增长1.67倍，主要享惠进口的商品为塑料制品、机器及零部件、化工产品等；享惠出口额为2.33亿美元，同比增长8.6%，主要签证出口商品为有机化学品、机器及零件、纺织服装等。在RCEP的带动下，2023年上半年，安徽向RCEP其他成员国出口机电产品价值

257.3 亿元，同比增长 13.3%，占同期安徽对 RCEP 其他成员国出口总值的 50.9%。[①]

再次，安徽对外平台建设完善。RCEP 协定生效，如何对接 RCEP，助力企业挖掘 RCEP 机遇，切实提高对相关企业的支持和服务水平，是摆在各地面前的问题。而安徽在通关、物流和政策支持方面着力打造 RCEP 平台，全面放大 RCEP 溢出效应。安徽提升通关效率，优化通关服务，完善通关仓储、物流等配套服务；打造国际物流网络，依托合肥、芜湖等国家物流枢纽，推动构建支撑"全球采购、全球生产、全球销售"的国际物流服务网络，支持率先布局 RCEP 成员国物流通道，积极打通通往东盟的国际货运班列。在政策支持上，安徽不断加码，利好消息不断。

最后，安徽与 RCEP 成员国文化联系密切。经济全球化和区域集团化日益加深的时代，对外文化交流成为促进经济贸易合作的新战略途径。安徽近年来与 RCEP 成员国在政治交流、企业跨国建设、友好城市建设以及科教文旅合作方面加深联系，为彼此间的经贸合作奠定基础。安徽与 RCEP 成员国各层面的政治交流不断；出海皖企在东南亚的跨国建设、安徽省内城市与 RCEP 成员国结对友好，以及以高校交流等为代表的科教文旅合作，拉近了安徽人民与 RCEP 成员国人民的距离，增进了彼此之间的了解。

二、安徽融入 RCEP 具有的劣势

一是贸易便利性不高。安徽省深处内陆，与 RCEP 成员国地理位置

---

① 何珂. 新一轮红利释放带来更多新动能 [N]. 安徽日报，2023-07-27.

较远，不沿海、不沿边的劣势明显，很多货物出口存在省内生产、省外出口现象。如：皖北海铁联运集装箱班列从蚌埠东站发车，直达上海杨浦站、芦潮港站以及宁波北仑港站和镇海西站，再通过海港进行出口。这就增加了物流成本。

近年来，安徽结合自身实际，不断加快推进海陆空立体化开放大通道建设，合肥和蚌埠至宁波北仑港铁海联运、芜湖至上海洋山港"五定"班列已开始常态化运营，阜阳已开通至江苏连云港、太仓国际货运班列，淮南开通至南京港铁路铁海联运货运班列，2022年《安徽省外贸发展提升三年行动方案》提出推动省内生产、省外出口的生产基地逐步实现在省内出口，但区域位置的局限性仍对皖企的海外出口，特别是对与 RCEP 国家的经贸合作构成了一定的限制。

二是企业创新性不足。企业是创新的最大主体。相较发达省份，安徽省大企业、新兴企业数量偏少。小微企业人才集聚难，创新能力不足。更重要的是，小微企业相对缺乏对技术创新、管理创新和商业模式创新的全面正确认识，对创新的重视和投入程度不足。另外，社会上对创新主体的认识存在偏差，片面认为创新主体在高校、科研院所，没有真正认识到企业也是创新主体，而高校、科研院所的研究成果在安徽的转化应用不充分。近些年，安徽强化对科技创新的政策支持，加大对企业研发费用的投入，但安徽企业还没有完全成为研发投资主体，企业为发展壮大，主要通过外延扩大再生产，没有采用新技术和开发新产品的创新方式。企业经营管理中，追求短期利益的倾向助长了企业的投机行为，许多新兴行业如汽车、电子、软件、集成电路等没有掌握核心技术。

企业缺乏创新型人才，安徽的科研力量游离于企业之外，科技人才与企业的脱离严重阻碍了企业的技术创新。企业缺乏创新性使得贸易产品的创新力度不足,与他省出口产品相比竞争优势不明显,影响安徽省与 RCEP 成员国的贸易往来。

三是平台建设有待强化。与 RCEP 成员国的经贸合作将是未来安徽经贸发展的重点方向,而专业的合作平台建设是助力 RCEP 经贸合作的必要条件。但安徽平台建设力度较弱,缺乏专门交流合作窗口;信息流通不完全,缺乏自主查询通道;企业意识不充足,缺乏专业培训宣传。这些也是客观存在的问题。

在交流合作窗口方面,安徽和中国人民对外友好协会共同主办了 2023RCEP 地方政府暨友城合作(黄山)论坛,促进 RCEP 成员国地方政府间增进了解、探求商机、深化合作、互惠共赢。[①]但是安徽省与部分兄弟省份相比,平台建设稍显不足。

以广西为例,中国—东盟博览会、商务与投资峰会已连续成功举办 18 届,形成中国与东盟深化合作的"南宁渠道";广西还拥有中国(广西)自由贸易试验区、西部陆海新通道、面向东盟的金融开放门户、众多国家级战略性开放平台,为 RCEP 规则高质量落地实施提供了良好载体。在专业培训宣传方面,2021 年 9 月,中国商务部、全国工商联主办,广西壮族自治区商务厅与工商联承办了 RCEP 全国中小企业专题培训班。同年 12 月,广西在南宁市成立了 RCEP 企业服务中心,打造促进广西中小企业双向经贸投资、科技创新、产业协作的外向型国际化服务载体。

在服务企业自主查询通道方面,海南 RCEP 关税查询服务平台实现了同一商品 14 国横向查询比较,形成了三大特色创新突破。一是自贸

---

①2023RCEP 地方政府暨友城合作(黄山)论坛开幕式暨主旨报告在黄山市举行 [N]. 安徽日报,2023-06-10.

协定全面查询，帮助企业选择最优税率；二是商品税则全面分析，帮助企业甄别各年税率；三是模糊查询全面检索，帮助企业进行市场分析。上海市和湖北省也上线了"RCEP 优惠协定税率智能查询系统"。

第三节　安徽与 RCEP 重点成员经贸关系状况

中国特色社会主义进入新时代，安徽省主动适应经济全球化新形势，不断扩大开放领域，积极营造开放型经济发展的良好环境，加快培育对外开放新优势，安徽省与 RCEP 国家在贸易往来、利用外资、对外投资、工程承包与劳务输出、人员往来、人文交流等方面不断发展与深化，呈现出良好发展势头。其中，安徽省与日本、韩国、澳大利亚、越南、马来西亚、新加坡和印度尼西亚的经济联系最为密切。

一、安徽与日本贸易往来稳定，经济合作不足

2012 年至 2022 年，日本始终保持作为安徽省对 RCEP 成员国中第一大贸易伙伴的地位。进出口总额在 2012—2020 年这 9 年间共增长了 1.76 倍，其中进口额增长 2.22 倍，出口额增长 1.31 倍。2019 年以来，虽然全球贸易遭遇世界经济增速下滑、贸易保护主义和单边主义盛行的严重影响，但安徽省对日本贸易额仍继续保持增长状态。新冠疫情对安徽省与日本经贸关系构成较大影响，2020 年是安徽省与日本经贸发展的顶峰，此后贸易额下降明显。2021 年至 2022 年，安徽省与日本的贸

易都难以恢复到疫情前的平均水平。日本企业对安徽省投资热情较高，即使是疫情严重的 2020 年，也先后有日立建机、东海橡塑等 11 家日本世界 500 强企业在合肥市进行投资，与此同时，合肥晶合等一批企业积极"走出去"加大对日本的投资，安徽省与日本合作具有良好而扎实的基础。从安徽省与日本的经济合作来看，对日本的工程承包仅在 2015 年和 2016 年有完成额，其余年份没有工程承包情况出现；对日本的实际投资额比重相对其他 RCEP 成员国并不明显；外派日本的劳务合作人数受 2020 年新冠疫情的影响也处于中断状态，2021 年和 2022 年虽恢复，并增长明显，但是总体而言难以回到疫情前的水平。总体来说，安徽省对日本的贸易合作在安徽省对 RCEP 成员国贸易中占据重要地位，而与日本的经济合作仍有所欠缺。

表 12-1　安徽省对日本经贸合作状况（2012—2022 年）

年份	进出口总额 / 万美元	进口额 / 万美元	出口额 / 万美元	承包工程新签订合同额 / 万美元	承包工程营业完成额 / 万美元	实际投资额 / 万美元	外派劳务人数 / 人
2012	226431.49	113165.45	113266.04	0	0	68	905
2013	269313.11	142486.70	126826.41	0	0	0	1046
2014	300721.03	142346.88	158374.15	0	0	0	917
2015	229033.86	81744.16	147289.70	3	3	8	656
2016	245637.50	105225.04	140412.46	0	103	80	383
2017	458254.04	313284.81	144969.23	0	0	220	399
2018	495842.56	318072.93	177769.63	0	0	0	394

（续表）

年份	进出口总额/万美元	进口额/万美元	出口额/万美元	承包工程新签订合同额/万美元	承包工程营业完成额/万美元	实际投资额/万美元	外派劳务人数/人
2019	528421.77	305607.67	222814.10	0	0	0	337
2020	625953.49	364562.53	261390.96	0	0	49	0
2021	686279.00	255256.00	431023.00	0	0	86	23
2022	640330.00	266176.00	374154.00	0	0	154	159

（数据来源：国务院发展研究中心信息网、安徽省统计年鉴①）

二、安徽与韩国贸易往来持续，经济合作尚存空间

自 1992 年中韩正式建交以来，两国在各领域已交流合作近 30 年，双边合作日益紧密是大势所趋。随着 2015 年《中韩自由贸易协定》以及 2020 年《区域全面经济伙伴关系协定》的相继签署，中韩两国在更高层面寻求合作共赢，这也为中国各省对韩贸易进一步发展创造了有利条件。安徽与韩国在贸易方面有着良好的合作经验，2020 年 9 月"对话安徽——中韩高端制造业对接会"在安徽省合肥市举行，为双方企业畅通经贸合作和人员往来渠道创造了良好条件，推动双方产业链、供应链、物流链顺畅运行。在 RCEP 的背景下，在双方保持友好往来的基础上，安徽和韩国近些年贸易规模稳步增长，韩国成为安徽省第四大国别（地区）进出口市场。进出口总额从 2012 年 130515.35 万美元增长至 2022

---

① 因统计口径不同，数据可能存在误差。

年550913万美元；从进出口对比来看，安徽省与韩国的进口增长强劲，出口增长自2020年新冠疫情后显著加快。新冠疫情对安徽省与韩国的双边贸易影响很小。韩国是安徽省的重要进口国，并且从未来趋势判断，韩国对安徽省的贸易顺差仍将持续保持高位。在经济合作方面，安徽省在对韩国的工程承包和外派劳务合作方面仍没有实现突破，对韩实际投资额仅在2015年突破1000万美元，其余年份投资比重较小，因此安徽省和韩国在经济合作领域尚有较大发展空间。

表12-2　安徽省对韩国经贸合作状况（2012—2022年）

年份	进出口总额 /万美元	进口额 /万美元	出口额 /万美元	实际投资额 /万美元
2012	130515.35	76921.60	53593.75	0
2013	194614.65	124077.54	70537.11	9
2014	229142.66	137374.07	91768.59	0
2015	174347.01	93970.69	80376.32	1210
2016	168622.45	86739.54	81882.91	14
2017	274509.69	173301.98	101207.71	285
2018	307504.99	210933.39	96571.60	9
2019	336834.88	210440.72	126394.16	0
2020	415807.15	289767.20	126039.95	76
2021	476983.00	296854.00	180129.00	173
2022	550913.00	332933.00	217980.00	615

（数据来源：国务院发展研究中心信息网、安徽省统计年鉴①）

───────────

① 因统计口径不同，数据可能存在误差。

三、安徽与澳大利亚贸易往来潜力犹存，经济合作波动不定

　　澳大利亚作为安徽省密切的经贸合作伙伴，2014 年中国国际贸易促进委员会安徽省分会（简称安徽省贸促会）与澳大利亚国际商会签署合作协议，成为战略合作伙伴，双方共同提供交流平台，为促进安徽省贸易发展并开拓澳大利亚市场奠定了坚实基础。2019 年安徽省贸促会主任会见来访的澳大利亚贸易投资委员会专员，双方就加强安徽省与澳大利亚之间的经贸交流与投资合作进行交流。通过分析双方贸易结构数据发现，安徽省对澳大利亚主要出口的产品为机械、家电、纺织品、服装、家具等；而澳大利亚从安徽省进口的商品则主要集中在矿产资源和能源等，双方在进出口贸易上具有较强的互补性，安徽省与澳大利亚近几年的进出口贸易额逐年增加，2020 年受新冠疫情的影响出现小幅下滑，2022 年则出现了较大幅度的下降，特别是自澳大利亚进口额下降明显。但是，总体来看，两地仍有较大的贸易发展潜力。在经济合作方面，从数据可知，工程承包和外派劳务合作数较少，安徽省对澳大利亚的直接投资也处在很不平稳的状态，实际直接投资额的涨跌比较明显。综上，安徽省与澳大利亚双方仍有很大的发展潜力，尤其在投资合作领域方面具有较大的提升空间。

表 12-3 安徽省对澳大利亚经贸合作状况（2012—2022 年）

年份	进出口总额/万美元	进口额/万美元	出口额/万美元	承包工程新签订合同额/万美元	承包工程营业完成额/万美元	实际投资额/万美元	外派劳务人数/人
2012	203878.67	169341.13	34537.54	0	962	726	16
2013	249020.78	210105.22	38915.56	268	879	442	0
2014	192529.75	149240.85	43288.90	0	196	130	0
2015	178864.28	124343.73	54520.55	0	0	38	0
2016	170113.96	126429.88	43684.08	0	0	578	0
2017	257753.77	204655.97	53097.80	0	0	30	0
2018	307779.43	240165.93	67613.50	0	0	8	0
2019	314355.84	246463.62	67892.22	0	0	0	0
2020	307235.67	213908.69	93326.98	0	441	0	0
2021	371167.80	105459.80	265708.00	0	960	2	0
2022	324193.00	134242.00	188951.00	2757	0	2046	0

（数据来源：国务院发展研究中心信息网、安徽省统计年鉴[①]）

四、安徽与越南贸易往来持续增强，经济合作逐步深化

在中国与东盟的贸易中，中国与越南的贸易占比最高。同为世界重要的生产制造基地，中越在供应链方面的互补性很强，双方在港口物流方面保持持续的合作，两国经贸合作发展迅速。中国是越南的第

[①] 因统计口径不同，数据可能存在误差。

一大贸易伙伴国和第二大出口市场，越南是中国在东盟的第一大贸易伙伴。在安徽省与东盟的贸易中，越南占比也是最高的。进出口总额从 2012 年的 36353.73 万美元增长到 2022 年的 287261 万美元，增长约 6.9 倍；其中，进口总额增长约 47 倍；出口总额增长约 4.6 倍；虽 2020 年进口额下降，但出口额仍处于上涨状态，2020 年后对越南进口迅速呈现井喷式增长。但是，安徽省相对于越南始终处于贸易顺差位置。在经济合作方面，除去 2020 年新冠疫情的冲击，工程承包完成额始终不断上升；实际投资金额也不断加大，从 2019 年起突破千万美元；受疫情影响 2021 年下降明显，不足千万，但是 2022 年重新跃上千万大关。在劳务合作方面，安徽省外派越南的劳务人数在 2012—2020 年间间歇性增长，9 年间波动较大。受疫情影响，2021 年和 2022 年，安徽省对越南劳务派遣暂时中止。RCEP 生效后，90% 以上的税目产品将实行零关税，未来可能增加至 95%，安徽省和越南还有很多合作的空间，原产地规则和高水平的贸易便利化安排，有利于双方在区域内灵活配置资源，开展产业链合作，拓展和深化经贸合作。

表 12-4　安徽省对越南经贸合作状况（2012—2022 年）

年份	进出口总额 / 万美元	进口额 / 万美元	出口额 / 万美元	承包工程新签订合同额 / 万美元	承包工程营业完成额 / 万美元	实际投资额 / 万美元	外派劳务人数 / 人
2012	36353.73	1981.31	34372.42	1566	7516	0	361
2013	55239.80	7065.77	48174.03	0	5154	27	383
2014	102494.07	9508.73	92985.34	1025	1291	23	115
2015	108560.91	19332.82	89228.09	35066	523	0	168

（续表）

年份	进出口总额/万美元	进口额/万美元	出口额/万美元	承包工程新签订合同额/万美元	承包工程营业完成额/万美元	实际投资额/万美元	外派劳务人数/人
2016	106082.68	10560.85	95521.83	6443	2044	350	49
2017	158496.07	18756.99	139739.08	1880	7287	598	716
2018	140555.33	20554.87	120000.46	104	10164	786	1050
2019	154324.66	24282.86	130041.80	5626	26310	1626	1782
2020	197049.46	23794.44	173255.02	32	10877	1285	615
2021	265345.00	36377.00	228968.00	22095	36996	746	0
2022	287261.00	95536.00	191725.00	76569	19276	1096	0

（数据来源：国务院发展研究中心信息网、安徽省统计年鉴①）

五、安徽与马来西亚贸易往来不断发展，经济合作波动较大

中国和马来西亚始终保持紧密联系，自2022年3月18日起，区域全面经济伙伴关系协定对马来西亚正式生效，叠加中国—东盟自贸区，进一步释放中马货物贸易发展潜力，这也有助于促进区域产业转型升级，为区域经济发展注入更多活力，为中马两国经贸提供更多便利。安徽省对马来西亚进出口始终处于增长状态，进出口总额从2012年的69589.50万美元增长到2022年的255549.00万美元；其中进口总额从13319.59万美元增长到139940.00万美元，出口总额从56269.91万美元增长到115609.00万美元，2019年，出口额大于进口额，安徽省从贸易逆差地位

———————

① 因统计口径不同，数据可能存在误差。

转变为贸易顺差地位。但 2022 年，安徽省对马来西亚贸易重新陷入了逆差地位。在经济合作方面，工程承包完成额逐年上升，早在 2017 年突破千万美元；2020 年后，工程承包受疫情影响，下降迅速。安徽省对马来西亚的实际投资额在 2019 年后，连续四年突破百万美元；外派劳务人数出现"倒 U 型"趋势，2012—2017 年增长（2025 年除外），2018 年开始下降，直至 2021 年后归零。从趋势上看，双方经济合作不稳定，处于波动状态。

表 12-5　安徽省对马来西亚经贸合作状况（2012—2022 年）

年份	进出口总额 / 万美元	进口额 / 万美元	出口额 / 万美元	承包工程新签订合同额 / 万美元	承包工程营业完成额 / 万美元	实际投资额 / 万美元	外派劳务人数 / 人
2012	69589.50	13319.59	56269.91	77	69	0	0
2013	108497.61	33357.15	75140.46	290	1443	0	138
2014	94106.95	51642.20	42464.75	16176	2958	0	372
2015	130842.85	79410.44	51432.41	31422	3656	0	296
2016	106949.66	55084.76	51864.90	3874	8270	20	1198
2017	125552.42	72157.19	53395.23	2848	12422	24	2877
2018	123277.43	70999.99	52277.44	16852	24332	9	1591
2019	135751.48	59684.98	76066.50	402	17316	444	137
2020	179855.37	88941.12	90914.25	12361	4027	191	16
2021	208348.00	95534.00	112814.00	0	1546	138	0
2022	255549.00	139940.00	115609.00	0	495	346	0

（数据来源：国务院发展研究中心信息网、安徽省统计年鉴[①]）

---

①因统计口径不同，数据可能存在误差。

六、安徽与新加坡贸易往来起伏波动，经济合作弹性较大

新加坡是东盟区域内重要的经济体，也是区域全面经济伙伴关系协定的主要成员国之一，中国和新加坡作为彼此重要的合作伙伴，RCEP 的签署将为中新合作创造更好的条件。中新两国在经济上存在着较强的互补性，高速的经济发展和庞大的需求市场使得中国已经成为新加坡企业最倾向的投资和贸易地之一。而安徽省与新加坡贸易的进出口总额在 2012 年至 2020 年间波动上升，2014 年和 2016 年出现小幅下降，但总体进出口额从 41292.57 万美元增长至 172151.72 万美元。受新冠疫情影响，安徽省与新加坡的贸易额在 2021 年、2022 年两个年份持续负增长，值得关注。在经济合作方面，工程承包在 2015 年至 2018 年出现缺口，但 2019 年和 2020 年的承包工程营业完成额出现大幅增长；2021 年下降，2022 年反弹明显。安徽省对新加坡的实际投资也在 2018—2022 年出现持续增长，原因可能在于 2018 年中国与新加坡完成了自贸协定升级谈判，中国与新加坡双边经济关系向前迈出了重要一步，2020 年中国与新加坡共同加入了 RCEP，这使得安徽省与新加坡的双边贸易关系得到进一步深化；劳务合作方面，安徽省对新加坡的外派劳务人数始终处于波动状态。

表 12-6 安徽省对新加坡经贸合作状况（2012—2022 年）

年份	进出口总额/万美元	进口额/万美元	出口额/万美元	承包工程新签订合同额/万美元	承包工程营业完成额/万美元	实际投资额/万美元	外派劳务人数/人
2012	41292.57	5616.03	35676.54	3880	4060	0	1480
2013	47626.88	7725.07	39901.81	750	1738	205	1189
2014	41343.75	11771.21	29572.54	0	584	0	1122

（续表）

年份	进出口总额／万美元	进口额／万美元	出口额／万美元	承包工程新签订合同额／万美元	承包工程营业完成额／万美元	实际投资额／万美元	外派劳务人数／人
2015	43681.12	10625.65	33055.47	0	0	0	635
2016	33524.37	8795.44	24728.93	0	0	0	317
2017	56908.55	25989.65	30918.90	0	0	0	236
2018	67718.34	27442.20	40276.14	0	0	1103	171
2019	135885.10	46597.51	89287.59	0	3306	3569	262
2020	172151.72	39183.98	132967.74	30559	11762	12827	588
2021	166075.00	107485.00	58590.00	62	10200	22934	49
2022	156294.00	74493.00	81801.00	17774	16341	26808	36

（数据来源：国务院发展研究中心信息网、安徽省统计年鉴[①]）

七、安徽与印度尼西亚贸易往来持续增长，经济合作较强

印度尼西亚是世界第四人口大国和二十国集团成员，人口、面积和经济体量均占东盟的 40% 左右。近年来，中国与印度尼西亚高层交往频密，政治互信不断增强，战略对接持续深入，中国与印度尼西亚投资合作持续快速发展，规模迅速扩大、领域不断拓展、地域分布广泛，印度尼西亚已成为中国对外直接投资的最主要目的地之一。在贸易往来方面，安徽省对印度尼西亚的贸易进出口总额连续多年处于增长状态，从 2012 年 51169.86 万美元增长到 2022 年 251095.00 万美元，增长约 3.9 倍。经济往来方面，在安徽省与东盟国家的经济合作中，印度尼西亚占比靠

---

① 因统计口径不同，数据可能存在误差。

前。其中承包工程营业完成额早在 2013 年突破一亿美元；实际投资额长期自 2020 年后保持高位，2021—2022 年连续两年超过十亿美元，显示了安徽企业对印度尼西亚市场的注重。印度尼西亚占据安徽省对外投资和劳务合作的较大比重，但劳务关系受新冠疫情影响下降明显。从趋势上看，在 RCEP 的助力下安徽省对印度尼西亚的进出口总额将继续上升，经济合作关系也将不断增强。

表 12-7 安徽省对印度尼西亚经贸合作状况（2012—2022 年）

年份	进出口总额/万美元	进口额/万美元	出口额/万美元	承包工程新签订合同额/万美元	承包工程营业完成额/万美元	实际投资额/万美元	外派劳务人数/人
2012	51169.86	14028.56	37141.30	11818	605	1950	32
2013	67531.06	29208.04	38323.02	28044	10902	213	875
2014	62283.89	19795.97	42487.92	29359	18770	5127	1089
2015	48084.33	14206.44	33877.89	40045	23222	10917	1331
2016	60223.50	16842.63	43380.87	12204	21803	4074	883
2017	86548.55	39021.54	47527.01	1386	22115	5484	1000
2018	96872.56	42457.10	54415.46	31766	14362	4302	290
2019	113336.84	50990.09	62346.75	2199	24749	3449	1368
2020	117458.39	50567.84	66890.55	2326	21586	4627	284
2021	209703.00	102527.00	107176.00	34384	19432	100508	0
2022	251095.00	115808.00	135287.00	66883	14993	108339	60

（数据来源：国务院发展研究中心信息网、安徽省统计年鉴①）

---

① 因统计口径不同，数据可能存在误差。

　　总体来看，当前发展安徽与 RCEP 重点成员合作的优势多于劣势、机遇大于挑战，但未来一段时期，随着我国高质量发展理念的落实与构建，以国内大循环为主体、国内国际双循环相互促进的新发展格局的深入发展，RCEP 国家产业结构加快调整、区域创新资源境内外加速流动、跨国资本加快转移的新形势，需要安徽积极发挥优势、规避劣势，抓住机遇、迎接挑战，进一步发展开放型经济，不断提升与 RCEP 重点成员合作的质量和水平，更好发挥 RCEP 在安徽经济转型、创新发展与社会进步中的重要推动作用。

参考文献

一、学术专著

毕世鸿等：《"双循环"视域下的中国—东盟经济合作》，中国社会科学出版社 2022 版。

毕世鸿等：《企聚丝路：海外中国企业高质量发展调查——越南》，中国社会科学出版社 2020 年版。

蔡金诚编：《印度尼西亚社会文化与投资环境》，世界图书出版广东有限公司 2012 年版。

常士闇等:《东南亚国家政治发展研究》，天津人民出版社 2023 年版。

陈万灵、吴喜龄：《中国与东盟经贸合作战略与治理》，社会科学文献出版社 2014 年版。

段立生:《泰国通史(珍藏本)》，上海社会科学院出版社 2019 年版。

段涛：《战略对接理论建构：基于中国与东南亚国家实践》，中国社会科学出版社 2021 年版。

范祚军等：《中国—东盟区域经济一体化研究》，经济科学出版社 2016 年版。

韩越主编：《东南亚南亚商务环境概论（第 3 版）》，北京大学出版社 2023 年版。

胡昊、翟崑：《中国—东盟合作中的政党与社会团体研究》，社会科学文献出版社 2021 年版。

黄灿主编：《"一带一路"视野下中国—东盟研究论丛》，清华大学出版社 2015 年版。

黄云静、张胜华：《国家·发展·公平：东南亚国家的比较研究》，中国社会科学出版社 2016 年版。

解桂海编：《越南国情报告（2022）》，社会科学文献出版社 2023 年版。

孔建勋、何林等：《企聚丝路：海外中国企业高质量发展调查——缅甸》，中国社会科学出版社 2022 年版。

李敬、陈容、李志军等：《"一带一路"沿线国家出口比较优势分析与进口需求研究：东南亚十一国》，经济日报出版社 2019 年版。

林黎、李敬、李志军等：《中国与东南亚国家"五通"状况研究》，经济日报出版社 2019 年版。

林文勋、郑永年主编：《中国—东盟命运共同体与澜湄合作》，社会科学文献出版社 2019 年版。

卢光盛：《中国和大陆东南亚国家经济关系研究》，社会科学文献出版社 2014 年版。

罗仪馥：《"一带一路"国别研究：越南外来直接投资发展报告》，中国社会科学出版社 2020 年版。

罗仪馥：《全球价值链中的泰国：现状与前景》，中国社会科学出版社 2023 年版。

塞缪尔·P. 亨廷顿：《变化社会中的政治秩序》，王冠华、刘为等译，上海人民出版社 2008 年版。

释启鹏：《新世界中的旧秩序：东南亚四国发展的比较历史分析》，中国社会科学出版社 2023 年版。

宋国华编：《东南亚国家发展政策研究》，时事出版社 2020 年版。

宋云博主编：《东南亚及南亚国家经贸投资规制与实务》，厦门大学出版社 2023 年版。

王勤编：《东南亚地区发展报告（2021—2022）：跨入数字时代的东南亚》，社会科学文献出版社 2022 年版。

魏浩编：《国家经济安全学》，北京大学出版社 2023 年版。

吴崇伯：《当代印度尼西亚经济研究》，厦门大学出版社 2011 年版。

吴崇伯等：《东南亚经济文化问题研究》，厦门大学出版社 2019 年版。

夏敏：《印度尼西亚对外经济政策研究》，中国社会科学出版社 2023 年版。

许宁宁：《中国—东盟历史性互为最大贸易伙伴》，中国商务出版社 2021 年版。

杨祥章：《地方参与中国—东盟合作研究》，中国社会科学出版社 2021 年版。

杨永华：《中国与东盟区域生产网络构建研究：基于全球价值链视角》，中国社会科学出版社 2019 年版。

俞子荣、袁波、王蕊、宋志勇等：《RCEP：协定解读与政策对接》，中国商务出版社 2021 年版。

张彬：《"双循环"视域下的 RCEP 与中国对外贸易》，社会科学文献出版社 2023 年版。

张励：《RCEP 建设与"一带一路"高质量发展》，中国社会科学出版社 2022 年版。

张群等：《"一带一路"国别研究报告：印度尼西亚卷》，中国社会科学出版社 2023 年版。

张晓涛：《中国与"一带一路"沿线国家经贸合作国别报告（东南亚与南亚篇）》，经济科学出版社 2017 年版。

张彦、赖映虹：《全球价值链调整与中国制造业区域价值链重构：以 RCEP 区域价值链为例》，经济科学出版社 2024 年版。

张宇燕主编：《全球政治与安全报告（2024）》，社会科学文献出版社 2023 年版。

张蕴岭、魏燕慎主编：《简明东亚百科全书》，中国社会科学出版社 2007 年版。

钟贵峰：《缅甸民族国家建设中的族际关系治理研究》，中国社会科学出版社 2017 年版。

二、期刊论文

曾安安、皮缇·斯里桑兰、黄贝：《澜沧江—湄公河合作机制：新合作、新共同体与新挑战》，《中国周边外交学刊》，2016 年第 2 期。

陈伟、叶尔肯·吾扎提、熊韦等：《论海外园区在中国企业对外投资中的作用——以柬埔寨西哈努克港经济特区为例》，《地理学报》，2020 年第 6 期。

邓洲：《泰国产业竞争力现状及中国与泰国贸易拓展潜力研究》，《东南亚纵横》，2017 年第 4 期。

丁工：《"一带一路"助推中缅"胞波"持续升温》，《经济导刊》，2020 年第 Z1 期。

丁雨柔、冯江华：《RCEP 视角下中泰商品贸易互补性和竞争性研究》，《对外经贸实务》，2023 年第 3 期。

范若兰、陈妍：《掌权之后：东南亚女总统与民主转型的性别分析》，《妇女研究论丛》，2012 年第 1 期。

冯晓玲：《中国—东盟深化蓝色经济伙伴关系探析》，《当代世界》，2023 年第 11 期。

高程、薛琳、部彦君：《"一带一路"建设与中国破局美国技术遏制——以中国与东南亚地区合作为例》，《南洋问题研究》，2023 年第 3 期。

顾佳赟：《新时代打造中柬命运共同体的机遇、挑战与建议》，《当代世界》，2019 年第 4 期。

韩俊：《在中国式现代化新征程上谱写更加壮丽的安徽篇章》，《求是》，2023 年第 15 期。

侯隽：《专访商务部研究院专家白明　越南只是一环，产业链仍然以中国为主》，《中国经济周刊》，2022 年第 10 期。

侯胜东：《深层次推动中泰数字经济合作　为"中泰一家亲"注入新动能》，《中国经贸导刊》，2023 年第 6 期。

黄郑亮：《越南制造业在全球价值链的位置研究》，《东南亚研究》，2019 年第 5 期。

黄瑛、黄琴：《文莱发展战略对文莱—中国经贸合作的影响及建议》，《现代商贸工业》，2022 年第 9 期。

黄智铭、杨月元：《"一带一路"高质量发展背景下深化中新经贸合作的路径选择》，《价格月刊》，2020 年第 1 期。

金丹、冯飞云：《RCEP 背景下越南对中国贸易逆差成因及对策研究》，《国际贸易》，2022 第 12 期。

金英姬：《中国与印尼发展战略的对接与经济合作》，《太平洋学报》，2016 年第 11 期。

李金华、张兆鹏：《RCEP 框架下的中国自贸区建设与对外贸易发展》，《社会科学文摘》，2023 第 12 期。

李能斌：《老挝旅游业应对新冠疫情举措与发展前景》，《南亚东南亚研究》，2022 年第 6 期。

李琪、谢廷宇：《新时代中美互利共赢的经贸合作关系研究》，《价格月刊》，2019 年第 6 期。

李皖南、杨傲：《中国与印度尼西亚双边贸易关系：特征、问题及发展对策》，《创新》，2022 年第 3 期。

李云龙、赵长峰、马文婧：《泰国数字经济发展与中泰"数字丝绸之路"建设》，《广西社会科学》，2022 年第 6 期。

李珍刚：《人类命运共同体：区域和国别视域下中国与老挝实践的

逻辑》,《东南亚纵横》,2020 年第 4 期。

梁孙逸、李源正:《中央—地方关系视角下中国印尼经贸合作的风险因素分析》,《国际论坛》,2020 年第 3 期。

林琳、李怀琪:《中国—新加坡自由贸易区的经济效应研究》,《经济问题探索》,2015 年第 11 期。

林梅、周漱瑜:《印尼数字经济发展及中国与印尼的数字经济投资合作》,《亚太经济》,2020 年第 3 期。

刘文丽:《中越经济关系中的"非对称性"与应对策略分析》,《经济研究导刊》,2019 年第 27 期。

刘务、刘成凯:《中缅经济合作:是"债务陷阱"还是发展机遇?》,《南亚研究》,2020 年第 2 期。

刘馨蔚:《RCEP 生效为越南敞开机遇大门》,《中国对外贸易》,2022 年第 4 期。

刘演景、张鹏飞:《越南工业经济快速发展的经验分析及对广西的启示》,《东南亚纵横》,2023 年第 2 期。

刘盈:《中老战略命运共同体:进展、挑战及强化路径》,《亚太安全与海洋研究》,2021 年第 2 期。

罗琴:《疫情背景下中越贸易长效发展的对策》,《社会主义论坛》,2022 年第 10 期。

罗仪馥:《对外经济政策、产业扩张模式与经济发展——基于韩国与泰国的比较分析》,《当代亚太》,2020 年第 4 期。

马盈盈、倪月菊:《RCEP 框架下中国与东南亚地区的价值链关联及变动趋势》,《南洋问题研究》,2022 年第 1 期。

马云:《中泰全面战略合作伙伴踏入新征程》,《社会主义论坛》,2022 年第 12 期。

聂慧慧:《越南 2023 年回顾与 2024 年展望》,《东南亚纵横》,2024 年第 2 期。

潘艳勤、云昌耀：《当代中国—文莱的经贸合作与人文交流：一个初步的研究》，《东南亚纵横》，2018 年第 6 期。

潘玥：《合法性、改革与争议：印度尼西亚佐科时期的政治经济发展之困》，《东南亚纵横》，2020 年第 6 期。

任珂瑶：《中老经济走廊建设：进展、挑战与推进路径》，《当代世界社会主义问题》，2022 年第 1 期。

任珂瑶、钮菊生、艾伦：《共建中老命运共同体路径探析》，《和平与发展》，2020 年第 4 期。

任珂瑶、翟崑：《"双循环"背景下陆海新通道与澜湄合作对接》，《和平与发展》，2022 年第 1 期。

舒洪水、吴丹：《澜湄合作背景下中泰合作路径研究》，《广西社会科学》，2023 年第 3 期。

宋利芳：《WTO 框架下印尼对华反倾销及中国的对策》，《东南亚研究》，2016 年第 6 期。

宋清润、田霖：《利益、认知的耦合与泰国长期对华友好合作政策》，《东南亚研究》，2022 年第 1 期。

宋清润、杨耀源：《美国与越南海上安全合作的发展与制约因素》，《和平与发展》，2020 年第 5 期。

孙策、宋琳琳：《RCEP 实施与东盟各国推动对华经贸便利化阶段成效、具体举措与路径优化》，《东南亚纵横》，2023 年第 3 期。

孙军：《RCEP 中的中国角色与新发展格局构建》，《学术论坛》，2023 年第 2 期。

孙云霄：《自主抑或依附：印尼发展道路的三重陷阱》，《文化纵横》，2022 年第 2 期。

孙子怡：《"一带一路"倡议下中越经贸合作的现状、问题和前景》，《现代管理科学》，2019 年第 5 期。

唐卉：《中泰命运共同体构建的实施进展、制约因素与策略优化》，

《东南亚纵横》，2024 年第 5 期。

汪涛、王玥、AGUS SUPRIYADI 等：《RCEP 背景下中国对外直接投资在印尼的潜力和挑战》，《长安大学学报（社会科学版）》，2022 年第 5 期。

王淼、梁坤、魏子龙等：《缅甸游离于区域价值链之外的政治经济学研究》，《南洋问题研究》，2022 年第 1 期。

王勤、金师波：《RCEP 对东盟经济发展和区域整合的影响》，《亚太经济》，2022 年第 2 期。

王勤：《东南亚最不发达四国经济发展进程与前景》，《南亚东南亚研究》，2023 年第 1 期。

王文、刘典：《柬埔寨："一带一路"国际合作的新样板——关于柬埔寨经济和未来发展的实地调研报告》，《当代世界》，2018 年第 1 期。

王雪莹、朱煜、嵇先白：《产业转移、融入国际与脆弱性隐忧——越南制造业发展的国际政治经济学研究》，《南洋问题研究》，2022 第 1 期。

王勇辉、程春林：《拜登政府"印太战略"下美国—印尼战略伙伴：进展、逻辑与限度》，《印度洋经济体研究》，2023 年第 2 期。

王震：《泰国区域主义及其主导中南半岛次区域合作的尝试》，《东南亚研究》，2022 年第 3 期。

王志民、蒋鑫：《"一带一路"推动老挝从"陆锁国"到"陆联国"的战略转变》，《丝路百科》，2022 年第 4 期。

梶原弘和、汪慕恒：《菲律宾的经济开发及其经济结构》，《东南亚研究》，1991 年第 2 期。

吴崇伯、张媛：《"一带一路"对接"全球海洋支点"——新时代中国与印度尼西亚合作进展及前景透视》，《厦门大学学报（哲学社会科学版）》，2019 年第 5 期。

吴崇伯：《"一带一路"框架下中国对印尼的投资分析》，《中国周边外交学刊》，2017 年第 1 期。

吴海霞：《共建"一带一路"倡议：中国—文莱经贸合作进展与前景》，《东南亚纵横》，2023 年第 4 期。

武传兵：《"一带一路"助力中柬命运共同体建设行稳致远》，《当代世界》，2023 年第 8 期。

西塔农萨·苏凡纳法迪：《RCEP 对东盟贸易的影响评估》，《南洋问题研究》，2022 年第 1 期。

席桂桂、陈水胜：《从安全到发展：中国参与地区合作的范式转变——以中柬关系的演变发展为主线》，《外交评论》，2023 年第 2 期。

邢瑞利：《对外开放抑或保护主义：印尼经济民族主义适度性思考》，《东南亚研究》，2020 年第 6 期。

徐秦法、原理铎：《老挝人民革命党推进国家现代化建设的实践探索》，《当代世界社会主义问题》，2023 年第 3 期。

徐雁雁、方文：《谱写中老命运共同体建设新篇章》，《社会主义论坛》，2023 年第 1 期。

许培源、刘雅芳：《中泰经济关系的现状、问题与对策研究》，《亚太经济》，2017 年第 5 期。

薛松：《中国与印尼关系 70 年》，《南洋问题研究》，2020 年第 1 期。

鄢波、杜军、杨柳青：《中国—新加坡自由贸易区经济效应分析》，《广西财经学院学报》，2017 年第 5 期。

杨保筠：《中柬关系与中国—东盟战略伙伴关系的稳定与发展》，《东南亚纵横》，2018 年第 6 期。

杨沛鑫：《资源民族主义主导下的印尼关键矿产战略论析》，《东南亚研究》，2024 年第 3 期。

杨维中：《1999—2000 年菲律宾经济的发展与展望》，《南洋资料译丛》，2000 年第 4 期。

余海秋：《RCEP 助力中泰经贸合作迈上新台阶》，《社会主义论坛》，

2023 年第 2 期。

余海秋：《中泰战略合作面临的机遇、挑战与对策》，《当代世界》，2017 年第 9 期。

袁波、王蕊、潘怡辰等：《RCEP 正式实施对中国经济的影响及对策研究》，《国际经济合作》，2022 年第 1 期。

袁春生：《保革政治和解与国家发展道路转型——泰国 2023 年回顾与 2024 年展望》，《东南亚纵横》，2024 年第 1 期。

原瑞辰、翟崑：《东南亚经济复苏：在艰难平衡中开辟第三条道路》，《世界知识》，2022 年第 23 期。

苑生龙、陈大鹏：《越南经济社会发展情况及增进中越互利合作的思路建议》，《中国经贸导刊》，2024 年第 4 期。

翟崑、陈旖琦：《第三个奇迹：中国—东盟命运共同体建设进程及展望》，《云南师范大学学报（哲学社会科学版）》，2020 年第 5 期。

张党琼：《中南半岛地缘政治格局中的柬埔寨及在澜湄合作中的作用》，《南亚东南亚研究》，2019 年第 3 期。

张磊：《中越贸易与投资合作的进展、动因及限度》，《东北亚经济研究》，2020 年第 2 期。

张利娟：《RCEP 进入全面实施新阶段》，《中国报道》，2023 年第 7 期。

张梅、周佳：《RCEP 扩充缅中合作新内涵——专访缅甸驻华大使苗丹佩》，《中国投资参考》，2021 年 Z1 期。

张添：《后军人时代缅甸的"双头政治"及其外交影响》，《东南亚研究》，2020 年第 1 期。

章佳：《RCEP 生效后，中泰经贸享多重红利》，《中国对外贸易》，2022 年第 5 期。

赵书博、胡江云：《高质量实施"区域全面经济伙伴关系协定（RCEP）"》，《红旗文稿》，2023 年第 13 期。

赵卫华：《中美战略竞争背景下的越南数字强国战略：合作契机还是地缘挑战？》，《南洋问题研究》，2023 年第 1 期。

郑春芳、肖旭：《RCEP 的签署对中国跨境电商发展的六大影响》，《经济研究参考》，2022 年第 11 期。

郑国富：《"澜湄合作"背景下中柬经贸合作的成效、问题与前景》，《国际关系研究》，2018 年第 5 期。

朱中华：《赴柬埔寨投资与承包工程的风险分析》，《中国投资（中英文）》，2021 年第 Z5 期。

祝湘辉、范宏伟：《中缅关系 70 年："胞波"关系的新陈代谢》，《南洋问题研究》，2020 年第 1 期。

祝一鸣、覃天才：《泛南海镍资源圈地缘政治变动与中国新能源安全风险》，《南洋问题研究》，2024 年第 3 期。

三、报纸文章

《2023 RCEP 地方政府暨友城合作（黄山）论坛开幕式暨主旨报告在黄山市举行》，《安徽日报》，2023 年 6 月 10 日。

《2023 年的泰国：政局有变化 外交更务实》，《光明日报》，2023 年 12 月 31 日。

《RCEP 暖风劲吹 中缅经贸合作新动能澎湃》，《国际商报》，2022 年 5 月 18 日。

《"出征"东南亚：中国制造在越南的另一种打开方式》，《经济观察报》，2022 年 5 月 30 日。

《打造推动老挝工业化的示范基地（共建"一带一路"·第一现场）》，《人民日报》，2023 年 9 月 5 日。

《发展更高层次的开放型经济》，《人民日报》，2023 年 11 月 3 日。

《共建"一带一路"为中缅经济合作注入新动力》，《光明日报》，2019 年 4 月 29 日。

《"共建一带一路必将给缅中人民带来更大福祉"》,《人民日报》,
2020 年 6 月 5 日。

《构筑对外开放新高地》,《云南日报》,2022 年 1 月 12 日。

《机遇迭至　中泰经贸合作乘势而上》,《国际商报》,2022 年 6
月 17 日。

《柬埔寨经济复苏持续巩固》,《经济日报》,2023 年 11 月 3 日。

《解密出海印尼机遇:模式类当先　制造业突围》,《上海证券报》,
2024 年 1 月 10 日。

《泰国加快推进"东部经济走廊"建设》,《人民日报》,2023
年 9 月 1 日。

《推动中泰全面战略合作伙伴关系深入发展　让"中泰一家亲"亲
上加亲》,《光明日报》,2021 年 11 月 7 日。

《为深化中柬经贸合作"架桥铺路"》,《经济日报》,2023 年 6
月 26 日。

《新一轮红利释放带来更多新动能》,《安徽日报》,2023 年 7
月 27 日。

《印尼经济发展迎来新利好》,《经济日报》,2023 年 1 月 6 日。

《遇见 RCEP,柬埔寨借势腾飞》,《国际商报》,2021 年 12 月 10 日。

《越南经济高增长奇迹之我见》,《证券时报》,2023 年 2 月 14 日。

《"越南制造"会是下一个"中国制造"吗?——全球产业链重构,
中越携手推动产业合作优化升级》,《南方日报》,2023 年 12 月 14 日。

《在华投资的信心和决心更加坚定》,《人民日报》,2023 年 3
月 28 日。

《中菲共绘经贸合作新蓝图》,《国际商报》,2022 年 10 月 28 日。

《中老泰铁路跑出互利共赢"加速度"》,《光明日报》,2024
年 7 月 25 日。

《中企订单"外溢"引关注　国际分工深化是大势所趋》,《证券时报》，2022年5月10日。

《中泰经贸合作迎来新的机遇期》，《人民日报》，2024年1月18日。

《中泰绿色科技合作前景可期》，《光明日报》，2023年11月15日。

《专家云聚，热议RCEP》，《云南日报》，2021年9月1日。

四、网络资源

光明网："东盟国家人士：RCEP打开多边贸易体系之门 焕发新活力"，https://m.gmw.cn/2023-06/02/content_1303393063.htm.

光明网："《2023中国进口发展报告》：RCEP成员国占中国进口总额的35%"，https://economy.gmw.cn/2023-11/05/content_36942893.htm.

国务院国有资产监督管理委员会："合作标杆！万象赛色塔综合开发区开创老挝多个第一"，http://www.sasac.gov.cn/n2588025/n2588129/c27749761/content.html.

国资委官网："中越米轨国际联运开行列车逾万列"，http://www.sasac.gov.cn/n2588025/n2588129/c28154452/content.htm.

合肥海关："安徽省进出口挺进全国前十"，http://hefei.customs.gov.cn/hefei_customs/479573/479574/5579687/index.html.

人民论坛网："刘志迎、周勇：合肥模式：多链融合的创新生态"，http://www.rmlt.com.cn/2023/0927/684025.shtml.

人民网："15国签署RCEP 全球规模最大自贸协定达成"，http://world.people.com.cn/n1/2020/1115/c1002-31931470.html.

人民网："安徽省贸易投资洽谈会在日本东京成功举办"，http://world.people.com.cn/n1/2022/1227/c1002-32594773.html.

人民网："国际观察：携手构建更加牢不可破的中柬命运共同体"，http://world.people.com.cn/n1/2023/0919/c1002-40081134.html.

人民网："新时代打造中柬命运共同体的机遇、挑战与建议"，http://world.people.com.cn/n1/2019/0418/c187656-31037653.html.

人民网："中国—柬埔寨共建'一带一路'成果丰硕"，http://yn.people.com.cn/n2/2023/1016/c372459-40604601.html.

商务部国际贸易经济合作研究院、商务部对外投资和经济合作司、中国驻菲律宾大使馆经济商务处："菲律宾投资指南（2023 版）"，https://www.mofcom.gov.cn/dl/gbdqzn/upload/feilvbin.pdf.

商务部国际贸易经济合作研究院、商务部对外投资和经济合作司、中国驻文莱大使馆经济商务处："文莱投资指南（2023 版）"，https://www.mofcom.gov.cn/dl/gbdqzn/upload/wenlai.pdf.

商务部新闻办公室："中国与新加坡自由贸易协定升级议定书生效"，http://fta.mofcom.gov.cn/article/singapore/singaporenews/201910/41638_1.html.

上海市商务委员会"走出去"信息服务平台："关于中老经贸合作现状及建议的调研报告"，https://ofdi.sww.sh.gov.cn/xmjwtz/5598.jhtml.

新华网："'一带一路'高峰论坛｜机遇之路 繁荣之路——'一带一路'中的共同发展理念"，http://www.xinhuanet.com/2023-10/12/c_1129913203.htm.

新华网："中国电动车企合力做大泰国新能源汽车市场"，http://www.xinhuanet.com/2023-12/08/c_1130015649.htm.

新华网："中缅（国际）农商产业园打通对外产业合作新通道"，http://www.yn.xinhuanet.com/20231020/79f21aa796e24386ae92b7a21bd94f62/c.html.

云南省商务厅："农业贸易百问｜走进 RCEP 成员国：中越农产品贸易前景如何？"，https://swt.yn.gov.cn/articles/34701.

中国服务贸易指南网："共建一带一路，中泰架起更多桥"，http://tradeinservices.mofcom.gov.cn/article/ydyl/sedly/lylx/202309/154664.html.

中国国际贸易投资促进会："对外投资合作国别（地区）指南（老挝篇 2020 年版）"，http://fta.mofcom.gov.cn/rcep/rceppdf/laowo.pdf.

中国贸易救济信息网："越南拟利用贸易救济手段保护国内产

业，外贸企业应注意防范风险"，http://www.cacs.mofcom.gov.cn/article/flfwpt/jyjdy/cgal/202307/177353.html.

中国南海问题研究院："被'联合'的声明：美国挑拨的不仅仅是印尼，而是整个东盟"，http://www.nanhai.org.cn/review_c/706.html.

中国日报网："柬埔寨专家：借 RCEP 的'东风'，中柬经贸合作迎来新机遇"，https://cn.chinadaily.com.cn/a/202306/16/WS648c2286a310dbde06d23d4d.html.

中国日报网："山海鸣 民心通丨中老铁路跑出和谐发展加速度"，http://cn.chinadaily.com.cn/a/202311/23/WS655ed93ba310d5acd87700eb.html?ivk_sa=1023197a.

中国商务部："越共总书记访华将极大促进中越经贸合作发展"，http://hochiminh.mofcom.gov.cn/article/jmxw/202211/20221103365141.shtml.

中国商务部："中国成为越南农产品最大买家"，http://vn.mofcom.gov.cn/article/jmxw/202308/20230803425360.shtml.

中国新闻网："泰国2023全年游客突破2800万人 中国游客达350万"，https://m.chinanews.com/wap/detail/chs/zw/hm6594c74785dd434318828b2d.shtml.

中国新闻网："中国志愿者走进柬埔寨乡村学校 爱心浇开友谊之花"，https://www.chinanews.com.cn/sh/2023/11-05/10106409.shtml.

中国一带一路网："路路相通促开放"，https://www.yidaiyilu.gov.cn/p/0E0IV3GT.html.

中国政府网："关于进一步加强和深化中越全面战略合作伙伴关系的联合声明"，https://www.gov.cn/xinwen/2022-11/01/content_5723205.htm.

中国政府网："中华人民共和国和印度尼西亚共和国关于深化全方位战略合作的联合声明（全文）"，https://www.gov.cn/yaowen/liebiao/202310/content_6909995.htm.

中国政府网："中华人民共和国政府和柬埔寨王国政府联合公报"，https://www.gov.cn/yaowen/liebiao/202309/content_6904397.htm.

中国自贸区服务网："老挝商界人士：RCEP 给区域内各国经济带来极大发展机遇"，http://fta.mofcom.gov.cn/article/rcep/rcepgfgd/202201/47040_1.html.

中国自贸区服务网："商务部：RCEP 将为本地区投资者创造一个更加稳定、开放、透明和便利的投资环境"，http://fta.mofcom.gov.cn/article/rcep/rcepgfgd/202011/43527_1.html.

中国自由贸易区服务网："走进 RCEP 成员国：中泰农产品贸易前景如何？"，http://fta.mofcom.gov.cn/article/rcep/rcepgfgd/202108/45601_1.html.

中国自由贸易区服务网；"中柬学者云端碰撞 聚焦 RCEP 生效后中柬合作新机遇"，http://fta.mofcom.gov.cn/article/chinacambodia/chinacambodiagefangguandian/202205/48423_1.html.

中华人民共和国商务部："《区域全面经济伙伴关系协定》（RCEP）各章内容概览"，http://www.mofcom.gov.cn/article/zwgk/bnjg/202011/20201103016080.shtml.

中华人民共和国商务部："2022 年柬埔寨宏观经济形势及 2023 年预测"，http://cb.mofcom.gov.cn/article/jmxw/202305/20230503409191.shtml.

中华人民共和国商务部："RCEP 框架下滇缅经贸合作再遇新机"，http://chinawto.mofcom.gov.cn/article/e/s/202212/20221203374050.shtml.

中华人民共和国商务部："对外投资合作国别（地区）指南——越南（2022 年版）"，http://www.mofcom.gov.cn/dl/gbdqzn/upload/yuenan.pdf.

中华人民共和国商务部："截至 2023 年 9 月缅甸共批准中国对缅投资 218.73 亿美元"，http://mm.mofcom.gov.cn/article/jmxw/202310/20231003446075.shtml.

中华人民共和国商务部："缅甸本财年出口贸易额已近 100 亿美元"，http://mm.mofcom.gov.cn/article/jmxw/202312/20231203459832.shtml.

中华人民共和国商务部："世行评估报告称：越南将是从RCEP获益最多的国家"，http://hochiminh.mofcom.gov.cn/article/jmxw/202204/20220403308792.shtml

中华人民共和国商务部："王畅临时代办陪同老挝党中央总书记、国家主席通伦视察援老挝玛霍索综合医院"，http://www.mofcom.gov.cn/article/zwjg/zwxw/zwxwyz/202310/20231003445725.shtml.

中华人民共和国商务部："中泰新能源合作辐射东南亚"，http://kmtb.mofcom.gov.cn/article/f/201607/20160701359041.shtml.

中华人民共和国外交部："2014年5月26日外交部发言人主持例行记者会"，https://www.mfa.gov.cn/web/fyrbt_673021/jzhsl_673025/201405/t20140526_5411212.shtml.

中华人民共和国外交部："菲律宾国家概况"，https://www.mfa.gov.cn/web/gjhdq_676201/gj_676203/yz_676205/1206_676452/1206x0_676454/.

中华人民共和国外交部："老挝国家概况"，http://www.mfa.gov.cn/web/gjhdq_676201/gj_676203/yz_676205/1206_676644/1206x0_676646/.

中华人民共和国外交部："文莱国家概况"，https://www.mfa.gov.cn/web/gjhdq_676201/gj_676203/yz_676205/1206_677004/1206x0_677006/.

中华人民共和国外交部："新加坡国家概况"，https://www.mfa.gov.cn/web/gjhdq_676201/gj_676203/yz_676205/1206_677076/1206x0_677078/.

中华人民共和国外交部："中国同文莱的关系"，https://www.mfa.gov.cn/web/gjhdq_676201/gj_676203/yz_676205/1206_677004/sbgx_677008/.

中华人民共和国外交部："中国同新加坡的关系"，https：//www.mfa.gov.cn/web/gjhdq_676201/gj_676203/yz_676205/1206_677076/

sbgx_677080/.

中华人民共和国外交部："中华人民共和国政府关于在南海的领土主权和海洋权益的声明"，https://www.fmprc.gov.cn/nanhai/chn/snhwtlcwj/201607/t20160712_8521049.htm.

中华人民共和国外交部："中华人民共和国政府和泰王国政府联合新闻公报（全文）"，http://russiaembassy.fmprc.gov.cn/zyxw/202310/t20231020_11164330.shtml.

中华人民共和国驻柬埔寨大使馆："柬埔寨国家概况"，http://kh.china-embassy.gov.cn/chn/ljjpz/jpzgk/.

中华人民共和国驻缅甸大使馆："缅甸国家概况"，http://mm.china-embassy.gov.cn/ljmd/abad/201705/t20170509_1770825.htm.

中新网："到'中企'成印尼求职新趋势"，https://www.chinanews.com.cn/cj/2023/08-07/10056830.shtml.

中新网："更好为海外客户配套，中国企业拟赴印尼投资开发磷酸铁锂"，http://www.chinanews.com.cn/cj/2021/11-17/9611182.shtml.

中新网："社科院：'一带一路'产能合作　中国应推动'新雁阵'模式"，https://www.chinanews.com.cn/cj/2016/01-21/7726942.shtml.

中新网："越南总理：东盟和中国应加强交通基础设施合作　推动铁路互联互通"，https://www.chinanews.com.cn/gn/2023/09-17/10079574.shtml.

中新网："中国志愿者走进柬埔寨乡村学校　爱心浇开友谊之花"，https://www.chinanews.com.cn/sh/2023/11-05/10106409.shtml.

后 记

《RCEP 框架下中国与东盟国家经贸合作关系研究》一书依托国家社科基金项目"习近平关于全球治理的重要论述研究"（19BKS054）和安徽大学人文社会科学重点平台建设（RCEP 国家研究中心）项目，由安徽大学 RCEP 国家研究中心负责编写完成。

各部分撰写分工情况是：陈以定（安徽大学 RCEP 国家研究中心主任）全面负责全书统稿与编写工作，具体负责第一章"《区域全面经济伙伴关系协定》概况"、第十二章"安徽融入 RCEP 及其与重点成员经贸关系研究"相关内容的撰写；余欢欢（安徽大学 RCEP 国家研究中心博士）负责第二章"RCEP 框架下中国与越南经贸合作关系研究"、第三章"RCEP 框架下中国与老挝经贸合作关系研究"、第四章"RCEP 框架下中国与柬埔寨经贸合作关系研究"、第五章"RCEP 框架下中国与缅甸经贸合作关系研究"、第六章"RCEP 框架下中国与泰国经贸合作关系研究"、第七章"RCEP 框架下中国与印度尼西亚经贸合作关系研究"相关内容的撰写；吴万运（安徽大学 RCEP 国家研究中心博士）负责第八章"RCEP 框架下中国与马来西亚经贸合作关系研究"、第九章"RCEP 框架下中国与新加坡经贸合作关系研究"、第十章"RCEP 框架下中国与菲律宾经贸合作关系研究"、第十一章"RCEP 框架下中国与文莱经贸合作关系研究"相关内容的撰写。各部分撰写内容文责自负。

《RCEP 框架下中国与东盟国家经贸合作关系研究》在编写过程中，安徽省社会科学院党组成员、《江淮论坛》主编陈义平教授、安徽大学 RCEP 国家研究中心陈芳、陈光、罗玉辉等研究员提出了很多具体针对性建议。本书在出版过程中，得到南京师范大学出版社张鹏社长以及郑海燕、刘双双等各位编辑的大力支持，在此一并致谢。